DROEMER

Über das Buch:
Elfjährige, die ihren Avatar um Rat fragen, wenn sie zum ersten Mal verliebt sind. Teenager im Video-Chat mit Pädophilen – durch KI getarnt als Gleichaltrige. Schummeleien mit ChatGPT & Co., die zur Kriminalisierung von Kindern führen. Schulleiterin und Digitalexpertin Silke Müller warnt davor, Kinder mit künstlichen Intelligenzen allein zu lassen. In ihrem aufrüttelnden Buch analysiert sie, was die KI-Revolution für Bildung und Erziehung bedeutet, und gibt praktischen Rat, wie Eltern ihre Kinder schützen und kompetent begleiten.

Über die Autorin:
Silke Müller ist Schulleiterin in Niedersachsen und seit 2021 erste Digitalbotschafterin ihres Landes. Sie kämpft für eine ethische und demokratische Werteerziehung – auch und vor allem in der digitalen Welt. Sie ist (Stief-)Mutter zweier Töchter und lebt in Hatten im Landkreis Oldenburg. Ihr Buch *Wir verlieren unsere Kinder* (Droemer 2023) erreichte Platz eins der *SPIEGEL*-Bestsellerliste.

SILKE MÜLLER

WER SCHÜTZT UNSERE KINDER?

Wie künstliche Intelligenz Familien und Schule verändert und was jetzt zu tun ist

DROEMER

Besuchen Sie uns im Internet:
www.droemer-knaur.de

MIX
Papier | Fördert gute Waldnutzung
FSC® C083411

Originalausgabe Mai 2024

Ein Imprint der Verlagsgruppe Droemer Knaur GmbH & Co. KG, München

Redaktion: Ulrike Gallwitz / Nadine Lipp
Covergestaltung: buxdesign | Lisa Höfner
Coverabbildung: Mauritius Images / Andrew Angelov / Alamy
Satz und Layout: Adobe InDesign im Verlag
Druck und Bindung: CPI books GmbH, Leck
ISBN 978-3-426-44902-8

5 4 3 2 1

Für Michael, Svenja und Jessica
Ihr macht mein Leben bunt, und das menschlich,
ganz ohne künstliche Intelligenz.

Künstliche Intelligenz
Wir dürfen beängstigt sein.
Wir dürfen fasziniert sein.
Wir dürfen skeptisch sein.
Wir dürfen Fragen stellen.

Aber wir dürfen dieses Thema nicht ignorieren. Denn es wird unsere Welt, unsere Zukunft und die unserer Kinder mehr beeinflussen als alles andere.
Es ist Zeit, dass wir künstliche Intelligenz in unserer Mitte willkommen heißen.

Dieses Buch widme ich jedem Menschen, der Verantwortung für unsere Kinder und für die Welt, die wir ihnen hinterlassen, übernehmen möchte.

Inhalt

Liebe KI, wir müssen reden 9

Mitten unter uns 11
Eine Schülerin als Darstellerin in einem Pornovideo 14
Falle Teenage-Filter 16
Ausgelöscht 18
»Wenn du mir kein Foto von dir schickst, werde ich deiner Mutter beim Joggen auflauern« 19
Wissen ist der beste Schutz 22

Immer noch Neuland 25
Künstliche Intelligenz in unsere Mitte holen 34
Definitionsversuche 42

Deepfakes & Co.: Tatort soziale Netzwerke 51
Verbindung oder Einsamkeit? 55
KI und soziale Netzwerke – eine schreckliche Allianz 59
Bildung ist der Schlüssel 76
Hass, Hetze und Manipulation 78
Helden im Netz, die unsere Kinder schützen: HateAid und die Elevator Boys 81
Kriminalität in sozialen Netzwerken: Cyberkriminologe Prof. Dr. Thomas-Gabriel Rüdiger klärt auf 86

Intelligenter als wir? Was KI alles kann (und was nicht) 109
Wie ChatGPT & Co. Schule, Gesellschaft und Familienalltag verändern 115

Künstliche Intelligenz ist mehr als ChatGPT 119
Die Rolle der Schule im Umgang mit
künstlicher Intelligenz 126
Eine Erfolgschance: Individueller und
personalisierter lernen mit KI 137

Ohne geht nicht: KI-Kompetenz als Zukunftschance 141
Die Vorteile von KI am Beispiel von
zwei Jungunternehmern 143
KI und lebenslanges Lernen 151
Schulen schaffen den Kompetenzaufbau nicht allein,
es braucht Allianzen 157
Das beste Mittel gegen Angst? Sich mit künstlicher
Intelligenz auseinandersetzen! 162

**Und jetzt? Ideen für einen
konstruktiven Umgang mit KI** 171
Senioren und KI – eine Brücke zwischen
den Generationen 173
Welche Veränderungen braucht es in den Schulen? 175
Was die Politik jetzt leisten muss 196
Wie wir in der Familie und im Freundeskreis
handeln müssen 198

Schützen wir unsere Kinder! 207

Dank 209

Quellen 211

Liebe KI, wir müssen reden

Um das Thema künstliche Intelligenz verstehen und im Alltag souverän damit umgehen zu können, müssen wir miteinander reden. Ich habe mich für dieses Buch mit Menschen aus unterschiedlichen Alltagsbereichen über künstliche Intelligenz unterhalten. Und zwar so, als säßen wir bei einer Tasse Tee oder Kaffee am Küchentisch. Wenn Sie möchten, können Sie als Leserinnen und Leser Gäste an diesem Tisch sein, denn alle Gespräche wurden entweder als Ton- oder als Videoaufnahme aufgezeichnet. Per QR-Code können Sie diese Gespräche in voller Länge hören oder sehen.

Wie das geht? Halten Sie einfach die Kamera Ihres Smartphones oder Tablets auf den QR-Code, und es öffnet sich die Aufnahme. Wenn Sie dabei Schwierigkeiten haben sollten, finden Sie auf der nächsten Seite eine bebilderte Anleitung.

Sie sehen also: Auch im gedruckten Buch ist es keinesfalls nötig, analog und digital voneinander zu trennen, beide Seiten lassen sich vielmehr trefflich verbinden, und diese Verbindung kann sogar Spaß machen.

Dieses Buch soll nicht nur aufrütteln, sondern bewegen, motivieren und Lust darauf machen, eigene Gespräche am Küchentisch zu führen. Ich wünsche Ihnen viel Freude bei dieser kleinen Reise durch den Alltag mit künstlicher Intelligenz.

QR-Code scannen - so wird´s gemacht

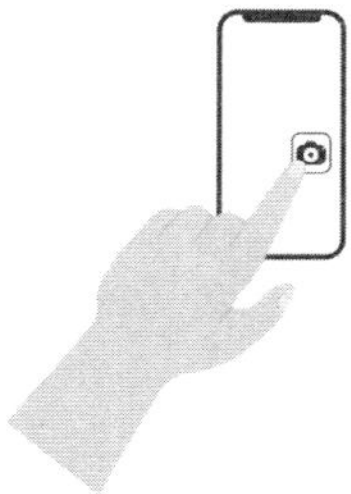

1 Öffnen Sie die Kamera-App auf Ihrem Smartphone oder Tablet!

2 Richten Sie den Sucher der Kamera auf den QR-Code!

3 Sobald die Kamera den QR-Code gelesen hat, erscheint ein Link. Klicken Sie diesen an, um zum Linkziel (z. B. Video) zu gelangen.

Mitten unter uns

Es vergeht kaum ein Tag, an dem man nicht einen Artikel über die Entwicklung und Möglichkeiten von künstlicher Intelligenz liest oder eine Reportage darüber sieht. Start-ups sprießen überall aus dem Boden, gerade im Bereich KI und Schule. Denn die Frage, wie künstliche Intelligenz Bildung und Erziehung verändern wird, treibt Lehrkräfte und alle Akteurinnen und Akteure entlang der Bildungskette um. Braucht es neue Prüfungsformate? Kann man ChatGPT nicht einfach verbieten? Ergeben Hausaufgaben eigentlich noch einen Sinn, wenn sie in rasender Schnelligkeit vom kleinen KI-Helfer im Smartphone erledigt werden, ohne dass ein Schüler sich auch nur annähernd mit der Aufgabe befasst hat? Wie kann ein Lehrerkollegium möglichst schnell auf diese neuen Herausforderungen vorbereitet werden?

Die Stimmung in der Lehrerschaft schwankt zwischen Neugier, großem Interesse, hoher Motivation auf der einen und Ablehnung, Desinteresse und großen Ängsten auf der anderen Seite. Obwohl wir in unserer Schule schon seit 2009 digital arbeiten, gilt das auch für mein Kollegium, das ich als engagiert und einsatzbereit, als weltoffen, gesund kritisch und immer mit dem Herz am rechten Fleck für die Kinder erlebe. Die für mich wichtigste Frage ist, wie wir unsere Kinder auf ein Leben mit KI vorbereiten, wie wir sie zu souveränen und kompetenten Bürgerinnen und Bürgern ausbilden und sie widerstandsfähig und resilient machen. Diese Aufgabe ist deswegen so wichtig, weil die rasante Entwicklung von KI eine Herausforderung ist, die sich mit Erscheinungen von Entfremdung, Radikalisierung und Empathielosigkeit paart – Entwicklungen, die in meinen Augen insbesondere auf Inhalte in und den Umgang mit sozialen Netzwerken wie TikTok, Snapchat, Reddit, WhatsApp, Instagram und Co. zurückzuführen sind.

Es geht also im Besonderen um die Vorbereitung der Kinder auf bewusst hergestellte Falschinformationen mittels Deepfake, also auf Inhalte, die echt aussehen oder sich echt anhören, denen man aber keinen Glauben schenken darf. Wir alle sind mit dem Glauben aufgewachsen, dass eine sichtbare Erinnerung an Erlebnisse, etwa ein Foto aus dem letzten Urlaub, von der Familienfeier oder die Stimme eines Freundes in einer Sprachnachricht echt sind und »stimmen«. *Aber genau das ist heute nicht mehr der Fall.*

Daher müssen wir Kindern einen Weg durch den Dschungel aus Falschnachrichten in sozialen Netzwerken zeigen, gerade wenn es um politische Bildung und Orientierung oder den Schutz der eigenen Identität geht. Während ich diese Zeilen tippe, werden Kinder an ihren Smartphones überschwemmt von manipulierten Nachrichten, Bildern und Videos einer äußerst rechtsorientierten Partei, die meiner Meinung nach bei den Kindern Gehirnwäsche betreibt. Jede Minute wird ihnen in Kurznachrichten eine angebliche Wahrheit über die deutsche Politik und die Zukunft des Landes eingetrichtert, gepaart mit einem rassistischen Menschenbild. Eine Entwicklung, die aus meiner Sicht danach schreit, sich lautstark dagegen zu erheben. Jedem Demokraten würde schlecht werden, wenn er die Meinungsumfragen zu Gesicht bekäme, die wir manchmal zu einer anstehenden Wahl in Klassenzimmern durchführen. Denn diese sind nicht zuletzt das Ergebnis von Meinungen, die durch gefälschte Fotos und Videos erzeugt wurden, durch gefälschte und verfälschte Aussagen von Politikern.

Und was tun die etablierten »Volksparteien«? Sie glänzen mit Abwesenheit angesichts der Gefahr von rechts, erkennen nicht, dass es mehr als überfällig ist, Rechtsradikalität und Manipulation nicht nur auf der Straße, sondern gerade im Netz die Stirn zu bieten. Wir lassen unsere Kinder an so vielen Stellen allein und verlieren sie dadurch, wir bringen die Zukunft unserer Demokratie in Gefahr und laden damit große Schuld auf uns. Ich schäme mich dafür – und suche dennoch oder gerade deswegen nach Antworten.

Doch wie sollen wir den Kindern einen Weg aus dem Dickicht von manipulativen Falschnachrichten zeigen und ihnen Orientierung geben, wenn wir selbst keine Ahnung haben, wozu künstliche Intelligenz in der Lage ist, wenn sich Menschen mit bösen Absichten dieser Technologie bedienen?

In meinem letzten Buch *Wir verlieren unsere Kinder* schrieb ich über eklatante Fälle, die in sozialen Netzwerken dafür sorgen, dass Kinder leiden, ihre mentale Gesundheit verlieren, schlimmste Folter, Brutalität und Folter konsumieren, Opfer pädophiler Straftäter werden, sich so anstößig und selbstgefährdend im Netz zeigen, dass Schäden entstehen, die kaum zu heilen sind. Die Technologie der künstlichen Intelligenz wird diese Gefährdungen in nicht auszudenkendem Maße potenzieren. Selbst wenn die Europäische Union mit dem sogenannten *DSA*, dem *Digital Services Act*, versucht, die Plattformbetreiber zu mehr Sicherheit im Netz aufzufordern: Die Welt der Kinder und auch unsere gerät immer stärker aus den Fugen.

Um einen Eindruck zu vermitteln vom Ausmaß, das der Missbrauch künstlicher Intelligenz im (Schul-)Alltag bereits angenommen hat, möchte ich im Folgenden einige Fälle aus Klassenzimmern und Kinderzimmern schildern. Um die betroffenen Kinder, aber auch deren Umkreis und Schulen zu schützen, sind alle Namen anonymisiert. Eines ist klar: Alle diese Fälle sind nur die Spitze des Eisbergs.

Eine Schülerin als Darstellerin in einem Pornovideo

Ich saß wie an jedem Morgen in meinem Büro und rief meine Mails ab. Anfragen von Eltern zu Unterrichtsausfall, ein nettes Lob für die Bunte Stunde, in der Kinder in jedem Jahr vor Weihnachten zeigen, was sie einstudiert haben: von lustigen Sketchen über akrobatische Übungen bis zu einem Klavierstück. Ich lächelte und freute mich, dass gesehen wird, was Kinder leisten. Meine Sekretärin (ich habe schon die zweite beste Sekretärin der Welt, nachdem die erste in den verdienten Ruhestand gegangen ist) brachte mir meine Unterschriftenmappe. Ein völlig normaler Tag also, bis mich eine befreundete Schulleiterin einer anderen Region Deutschlands anrief.

Sie schilderte mir einen Fall, von dem ich gehofft hatte, niemals damit konfrontiert zu werden. An ihrer Schule wäre in einem Klassenchat ein Video aufgetaucht, das schwerste pornografische Handlungen zeigt – Ähnliches erleben wir wohl an jeder Schule dieser Welt leider täglich.

Dann aber atmete meine Kollegin tief durch und sagte, dass der Kopf einer Person in diesem Video das Gesicht einer ihrer Schülerinnen aus der neunten Klasse zeigte. Relativ realitätsgetreu, aber eben noch erkennbar, dass es manipuliert worden war.

Ihre Recherchen hatten die Täterinnen schnell ans Tageslicht gebracht. Es waren Mitschülerinnen aus der gleichen Klasse, die dem Mädchen nach eigenen Aussagen »eins auswischen« wollten, weil sie einer anderen Schülerin den Freund ausgespannt hätte. Für das Video hätten sie »so eine App genutzt«, die das Bildmaterial verändert. Willkommen, KI, im Kinderzimmer pubertierender Teenager.

Während des Berichtes meiner Kollegin verdüsterte sich meine Stimmung in Sekundenschnelle. Überfordert fragte sie mich, was ich nun an ihrer Stelle machen würde, schließlich würde ich mich doch auskennen.

Auskennen. Dieses Wort beschäftigte mich nachhaltig. Kann man sich wirklich mit dem unvorstellbaren Leid, das Kinder in unserer Zeit im Netz erleben, auskennen?

Hilflos versuchte ich, zumindest professionell zu wirken, und riet ihr, unverzüglich die Smartphones der Betroffenen einzukassieren und bloß nichts zu sichern, da es sich um den Straftatbestand der Kinderpornografie handeln könnte und sie sich dadurch selbst strafbar machen würde. Ich bat sie, unbedingt die Schulpsychologie einzuschalten und das Mädchen davon zu überzeugen, die Eltern zu informieren. Am besten in einem sensiblen, vorsichtigen Gespräch gemeinsam vor Ort, denn zum besagten Zeitpunkt wussten die Eltern noch nichts, und das Mädchen schämte sich wohl sehr.

Das Mädchen schämte sich. Obwohl sie zum Opfer einer Handlung geworden war, die gerade einmal 14-jährige Mitschülerinnen aus pubertären Rachegefühlen verübt hatten. Ohne darüber nachzudenken und mit Folgen, die sie nicht abschätzen wollten oder konnten. Denn das Video wird das Netz möglicherweise nie wieder verlassen. Das Opfer weiß das. Die Opfer wissen das. Worte wie »da wächst schon Gras drüber« oder »Zeit heilt alle Wunden« helfen nicht.

Haben Sie, liebe Leserinnen und Leser, Antworten darauf, wie man mit diesen sicher zunehmenden Fällen umgeht? Wie man die betroffenen Kinder stabilisiert und auffängt? Etwas wirklich Passendes fällt auch mir nicht ein. Und das macht mir Angst.

Falle Teenage-Filter

An meinem Job liebe ich, dass kein Tag dem anderen gleicht. Ich schätze die Begegnungen und Unterhaltungen mit den Kindern und Jugendlichen, die hin und wieder einfach für etwas Small Talk in meinem Büro stehen. Eigentlich liebe ich alles an meinem Beruf, abgesehen von den Irrungen und Wirrungen der deutschen Bürokratie.

Durch unser Prinzip der offenen Türen in der Schulleitung kommen die Schülerinnen und Schüler aber nicht nur, um etwas zu quatschen, sondern auch, wenn sie Rat oder Hilfe brauchen. Insbesondere unsere Social-Media-Sprechstunde (die eine Einrichtung an jeder Schule sein sollte!) ist eine Einladung, sich nicht nur in den verankerten Stunden im wöchentlichen Stundenplan, sondern jederzeit vertraulich an uns zu wenden, falls es Probleme in den sozialen Netzwerken geben sollte.

Lisa, eine Schülerin der sechsten Klasse, fasste an einem Dienstag in der ersten großen Pause all ihren Mut und kam im Rahmen dieser Sprechstunde zu mir.

»Frau Müller, eine Freundin von mir hat, glaube ich, ein Problem, und ich mache mir Sorgen um sie.« Allein diese Formulierung ließ bei mir alle Alarmsirenen schrillen. Ein elfjähriges Mädchen, das sich um eine Freundin Sorgen macht? Mit elf Jahren sollten Kinder lachen, sauer sein, traurig sein … aber sich Sorgen machen? Die Kindheit wird immer belasteter und beschwerter, das sollte uns Erwachsenen große Sorgen machen.

Ich bat Lisa, sich zu setzen. Sie knetete aufgeregt ihre Hände und mochte mich gar nicht richtig anschauen. Eigentlich kenne ich sie als Mädchen, das gern reitet und mit ihren Freundinnen fröhlich über die Gänge springt. Sie selbst hat zwar ein Smartphone, die Eltern erlauben aber Gott sei Dank noch keine Netzwerke wie TikTok oder ähnliche. Dennoch erzählte sie mir eine Geschichte, die mich lange nicht losließ.

Eine Freundin von ihr hätte TikTok und Snapchat. Sie wäre sehr oft am Handy. Irgendwann hätte diese Freundin plötzlich Nachrichten von einem fremden Jungen namens Moritz erhalten. Beide tauschten wohl häufig Nachrichten und Fotos aus. Lisa erzählte mir, dass sie selbst ein Video von Moritz gesehen hätte. Ein normaler Junge, wie sie sagte. Ihre Freundin hätte sich ihrer Meinung nach schon ein bisschen in Moritz, von dem sie nicht so genau wisse, wo er wohnt, verliebt. Bei Lisas Bericht muss ich mich immer wieder zusammenreißen, denn am liebsten hätte ich sofort gefragt, wer diese Freundin ist, ob die Eltern Bescheid wüssten und dass es ganz schön gefährlich sein kann, mit jemandem, den man gar nicht kennt, Fotos auszutauschen. Aber ich schwieg, hörte ihr zu und ahnte, dass die noch relativ harmlose Geschichte eine Wendung erfahren würde. Lisa knetete weiter ihre Hände, blickte verschämt auf den Tisch, vor dem sie saß, und flüsterte eher weiter, als dass sie sprach.

Ihre Freundin hätte diesem »Moritz« dann auch Fotos von sich in Unterwäsche geschickt, und Moritz hätte ihr daraufhin eigene Bilder geschickt, die nicht so wie die von einem Jungen ausgesehen hätten. Lisa selbst hätte diese Fotos gesehen. Schließlich hätte Moritz Lisas Freundin Bilder geschickt, auf denen ein erwachsener Mann zu sehen sei. Er erzählte, dass er sich mit einem Teenage-Filter in den Videos jünger gemacht hätte, aus Angst, Lisas Freundin würde ihn sonst nicht mögen, schließlich sei er ganz traurig, schon so alt auszusehen. Lisa erzählte, dass ihre Freundin weiter mit diesem Mann schreiben und sich dadurch ziemlich cool fühlen würde – und nun sauer auf Lisa wäre, weil sie ihr geraten hatte, lieber aufzuhören und mit ihren Eltern zu sprechen. Ich spüre, wie mein Puls anfing, schneller zu werden. Meine Gedanken überschlugen sich: Wer ist dieses Mädchen? Wie lange geht das schon, was genau passiert da mit einem elfjährigen, unbedarften Kind, in welcher Gefahr schwebt es?

Lisa wollte mir keinesfalls sagen, wer ihre Freundin war, und erzählte mir nur von dem Ort, aus dem sie kam. Ich versuchte, meine Gedanken zu ordnen, und überzeugte Lisa, dass wir gemeinsam mit ihrer Mama über diesen Fall reden. Die Mutter kam nach einem Anruf in die Schule und reagierte unglaublich großartig. Sie nahm ihre Tochter in den Arm, lobte sie, dass sie ihren Mut zusammengenommen hat, das Gespräch mit mir zu suchen. Sie sicherte mir zu, entsprechende Gespräche mit der betroffenen Familie und gegebenenfalls auch mit der Polizei zu suchen, um Schlimmeres zu verhindern.

Der sogenannte Teenage-Filter, der so etwas möglich macht, ist eine auf künstlicher Intelligenz basierende Technologie, die kinderleicht in sozialen Netzwerken wie TikTok, Instagram oder in Apps anzuwenden ist. So oft berichte ich in meinen Vorträgen darüber, auch aus Angst, was dadurch passieren könnte, obwohl es schon längst Wirklichkeit geworden ist. Wer schützt hier unsere Kinder? Wer weiß überhaupt von diesen Möglichkeiten? Das Unwissen über die dunkle Seite von KI und die Inkompetenz im Umgang damit sind nicht nur eine Gefahr, sondern geradezu ein Katalysator solch fürchterlicher Ereignisse.

Ausgelöscht

In einer anderen Woche erreichte mich der Anruf eines anderen befreundeten Schulleiters, der Rat in einer schwierigen Angelegenheit suchte. So war ein Schüler an seiner Schule von anderen Kindern massiv gedemütigt worden. Auf einem Ausflug einer siebten Klasse war als Erinnerung an den Tag ein Klassenfoto entstanden. Nur wenige Tage später wanderte diese Aufnahme zusammen mit einem nahezu identischen Foto durch einige WhatsApp-Gruppen der Kinder. Das Original trug die Überschrift »Finde den Fehler«, die quasi identische Kopie war mit den Worten »Fehler endlich bereinigt« betitelt. Während das Originalfoto die gesamte Klasse zeigte, fehlte in der Kopie ein Schüler, der ohnehin einen Außenseiterstatus innehatte. Er war mittels eines KI-gestützten Fotobearbeitungsprogramms herausgelöscht worden. Die Lücke, die auf dem Bild entstanden war, wurde täuschend echt an den Originalhintergrund angepasst, sodass nicht zu erkennen war, dass es sich um eine manipulierte Kopie des Fotos handelte.

Was für eine Demütigung und was für ein Leid für das Kind, als es das gefakte Bild sah. Ausgelöscht. Als sei es nichts wert.

»Wenn du mir kein Foto von dir schickst, werde ich deiner Mutter beim Joggen auflauern«

Im Zuge der Veröffentlichung meines letzten Buches durfte ich an anderen Schulen im Rahmen von Elternabenden zu den Gefahren in sozialen Netzwerken referieren, aufklären und aufrütteln. Mein Ziel dabei war und ist, ein Bewusstsein dafür zu schaffen, in welch großer Gefahr Kinder und Jugendliche sein können, wenn wir sie im Haifischbecken der sozialen Netzwerke allein lassen. Werde ich angesprochen, wie es sich anfühlt, als Autorin im Rampenlicht zu stehen, wiederhole ich immer, dass mein persönlicher Erfolg mit dem Buch eine zweischneidige Sache sei, denn die große Nachfrage zeigt auf besorgniserregende Weise, wie wenig die allermeisten Erwachsenen über die gefährliche Welt im Netz wissen.

Es ist ein für mich mittlerweile regelmäßig wiederkehrendes Gespräch, das an einem Abend durch einen Schüler, der meinen Vortrag technisch begleitet hatte, eine unerwartete Wendung nahm. Er fragte mich nach dem Small Talk am Ende der Veranstaltung, ob ich schon von den neuen Horrorvoices wüsste, die seit einiger Zeit insbesondere in den WhatsApp-Gruppen der Kleinen, also der Fünftklässler, die Runde machen würden. Ich verneinte, und er fragte mich, ob er mir mal eine Nachricht abspielen dürfe. Natürlich stimmte ich neugierig zu. Was ich dann hörte, ließ mich kurz schaudern, insbesondere, weil ich dabei an die Küken in Jahrgang fünf und sechs dachte, die doch gerade noch in der Grundschule gewesen waren.

Ich hörte eine menschliche Stimme, die grausam flüsternd sagte: »Marie, wenn du mir nicht bis heute 22 Uhr ein Foto von dir in Unterhose schickst, werde ich deiner Mutter beim Joggen auflauern und sie vergewaltigen.« Ich schaute den Schüler wortlos an. Er fügte an, dass sich derzeit viele Schüler einen Scherz machen würden, weil man mit einer neuen App mittels KI die eigene Stimme in alles Mögliche verwandeln könnte.

Ich fragte ihn, ob das sein Ernst sei, und erklärte ihm, wie abartig ich es fände, mit derartigen Schreckensszenarien zu drohen und andere durch strafbare Handlungen, nämlich die Verbreitung von Kinderpornografie, zu erpressen. Etwas hilflos mit den Schultern zuckend stimmte er mir zu, erzählte aber gleichzeitig, dass »das im Moment voll viele« machen würden und es gerade ein »Trend« unter den Jugendlichen sei, und es würden »echt viele« Bilder von fast unbekleideten Kindern durch verschiedene Gruppen quasi als Trophäen verschickt werden.

Es sind Momente wie diese, an denen ich einerseits am liebsten alles hinschmeißen würde, weil ich das Gefühl in mir trage, gegen Windmühlen zu kämpfen, insbesondere nachdem ich mir kurz zuvor von meinem Publikum hatte anhören müssen, eigentlich hätte es doch so etwas in der Art schon immer gegeben. Es sind Momente wie diese, in denen ich mir wünsche, jemand würde einfach den Stecker ziehen und uns eine Welt zurückholen, in der die Kindheit vielleicht auch nicht immer einfach, aber doch unbeschwerter war. Es sind Momente wie diese, in denen ich nicht verstehen kann, dass es immer noch Menschen gibt, die sich nicht für soziale Netzwerke interessieren und sich nicht mit den potenzierenden negativen Möglichkeiten von KI auseinandersetzen.

Insbesondere sind es aber Momente wie diese, in denen mir klar wird, dass sich die Welt gerade stärker und schneller verändert, als wir es wahrhaben wollen. Künstliche Intelligenz wird dafür sorgen, dass die Kinder und Jugendlichen im Netz nochmals viel gefährdeter sind als vorher. Falsch angewandt, kann sie dafür genutzt werden, politische Gehirnwäsche zu betreiben und unsere Demokratie nicht nur in Gefahr, sondern zum Einsturz zu bringen.

Spätestens die nächste Generation, also die unserer Kinder, wird nicht empathisch und reflektiert genug sein, sie wird sich nicht ausreichend des eigenen kritischen Verstandes bedienen, um für unsere demokratischen Rechte und eine bunte Gesellschaft mit unbändigem Willen einzustehen. Übertrieben? Dystopisch? Das mag man mir unterstellen. Doch in meiner Arbeit mit Kindern und Jugendlichen bekomme ich jeden Tag die zerstörerische Kraft von künstlicher Intelligenz vor Augen geführt. Wer aber schützt unsere Kinder vor diesen Gefahren, die neben allen Chancen und großartigen Möglichkeiten von KI unweigerlich drohen?

Wissen ist der beste Schutz

Indem Sie dieses Buch in den Händen halten, haben Sie sich entschieden, ein Teil der Antwort zu sein. Wir alle sind dafür verantwortlich, unsere Kinder in einer zerbrechlichen und unruhigen, von Krisen und Kriegen gebeutelten Welt zu schützen. Kinder sollen unbeschwert und glücklich aufwachsen dürfen. Gleichzeitig brauchen sie das Rüstzeug von uns Erwachsenen, um sich mutig behaupten zu können, um neugierig das Leben und die Welt zu entdecken und um sich sicher bewegen zu können. Menschliche Werte für ein friedliches und auch fröhliches Miteinander gehören genauso in den Rucksack mit dem wertvollen Rüstzeug wie Kompetenzen und Know-how für den Alltag. Künstliche Intelligenz verändert diese Welt gerade mehr als je zuvor, ob wir wollen oder nicht. Die Geschwindigkeit der Entwicklung neuer KI-Tools, die vielen technischen Vokabeln, die scheinbar unbegrenzten neuen Möglichkeiten in Beruf und Alltag, die unzähligen KI-Expertinnen und -Experten führen dazu, dass viele von uns eher Scheuklappen aufsetzen und sich nicht mit der Thematik beschäftigen.

Tun Sie das bitte nicht! Setzen Sie sich mit KI auseinander! Und rütteln Sie auch andere auf! Mir geht es nicht darum, Ihnen technische Erklärungen zu liefern, ich bin schließlich keine IT-Expertin, keine Wissenschaftlerin. Als Schulleiterin, Digitalbotschafterin, Bonusmama, Tante, Ziehtochter und Bürgerin einer kleinen Stadt in Niedersachsen weiß ich dennoch, dass künstliche Intelligenz nie wieder aus unserem Leben verschwinden wird – so wie sich eben auch das Internet durchgesetzt hat und unsere Gesellschaft fundamental verändert. Das Arbeiten, das Lernen und unser Miteinander werden stärker von KI beeinflusst werden, als wir es uns heute vorstellen können.

Deswegen wünsche ich mir, mit diesem Buch das Thema künstliche Intelligenz in die Mitte der Gesellschaft zu rücken und ohne komplizierte Erklärungen für jeden Menschen, für jede Familie verständlich zu machen. Es als Thema an den Abendbrottisch zu holen, Interesse zu wecken, aber auch Gefahren aufzuzeigen und zu warnen. Ich möchte dazu motivieren, Programme selbst auszuprobieren, Spaß dabei zu haben oder auch den Schock zu erleben, wenn man sieht, wozu künstliche Intelligenz in der Lage ist. Wenn wir unsere Kinder wirklich beschützen wollen, und zwar so lange, bis sie in der Lage sind, allein und ohne unsere Hilfe zurechtzukommen, dann müssen wir uns mit der Welt der Algorithmen und des Deep Learning auskennen, ihre Gefahren sehen und uns anschließend über Leitlinien für ein gutes Miteinander verständigen. Wenn wir uns dagegen nicht mit der Macht von künstlicher Intelligenz beschäftigen und sie in der Familie, in der Schule, im Betrieb, im Verein und überall da, wo Menschen aufeinandertreffen, ignorieren – dann müssen wir die Verantwortung dafür übernehmen, dass wir unsere Kinder weder beschützen noch ihnen Flügel fürs Leben verleihen.

Es war wohl nie wichtiger als in Zeiten von künstlicher Intelligenz und sozialen Netzwerken, Werte wie Mitmenschlichkeit, Empathie und Verständnis in den Mittelpunkt allen Handelns zu stellen. Und damit eine Antwort auf die Frage zu finden, wie wir heute und in Zukunft miteinander leben wollen.

Aber nicht nur um die Kinder geht es: Beschäftigen wir uns nicht mit künstlicher Intelligenz, dem wohl mächtigsten Instrument der Menschheitsgeschichte, dann laufen wir Gefahr, uns selbst zu verlieren. Ich danke Ihnen, dass Sie sich mit auf den Weg machen, Verantwortung für die Zukunft unserer Kinder zu übernehmen. Wenn dieses Buch dazu beitragen kann, dass Sie die Scheu verlieren, sich dem Thema zu nähern, dann ist das ein wichtiger erster Schritt.

Es ist fünf nach zwölf, dass unsere Generation, die Generation der Erwachsenen – und zwar ausnahmslos jeder und alle in jedem Bereich –, handelt. Wir müssen uns mit künstlicher Intelligenz mehr als nur auseinandersetzen. Wir müssen den Gefahren in den sozialen Netzwerken und der menschenverachtenden, manipulativen Macht von KI ins Auge blicken, aber zugleich die positiven Chancen erkennen, die KI bietet. Dieses Buch soll dabei helfen, beide Seiten von KI kennenzulernen, Berührungsängste zu verlieren und mit unseren Kindern auf Augenhöhe durch den Alltag zu schreiten. Es liegt an uns, unseren Kindern das Rüstzeug für die Herausforderungen der Zukunft mitzugeben, sodass sie ihr Leben würdevoll, erfolgreich und vor allem glücklich gestalten können. Denn sie allein zu lassen und an die bösen Kräfte der KI zu verlieren, ist das Schlimmste, was wir tun könnten. Schützen wir unsere Kinder. Jetzt.

Immer noch Neuland

Geht es Ihnen auch so, dass Sie ständig die Begriffe ChatGPT, künstliche Intelligenz, Digitalisierung und Ähnliches hören oder lesen und damit irgendwie überfordert sind?

Oder stecken Sie vielleicht beruflich mitten im erstmaligen Umgang mit KI-Software, arbeiten mit ChatGPT & Co. und spüren einen Druck, sich hierzu sehr schnell weiterbilden zu müssen?

Finden Sie künstliche Intelligenz spannend und cool oder aber wahnsinnig beängstigend?

Egal, aus welcher Richtung, aus welchem Bereich und aus welcher Sichtweise heraus wir auf das Thema künstliche Intelligenz blicken – sicher ist, dass es nicht nur in den Medien allgegenwärtig ist. Auch in sozialen Netzwerken geht es immer mehr um KI. Gefälschte oder manipulierte und veränderte Videos, Fotos und Audiodateien überschwemmen förmlich die Accounts der Nutzerinnen und Nutzer von sozialen Netzwerken. Man spricht hier von Deepfake. Auch diesen Begriff haben Sie möglicherweise bereits gehört.

Die aufklärende und mit leicht verständlichen Inhalten gefüllte Seite saferinternet.at erklärt den Begriff Deepfake zum Beispiel so: »Deepfakes sind Fotos, Videos oder Audio-Dateien, die mit Hilfe von Künstlicher Intelligenz absichtlich verändert werden. Man sieht oder hört Personen, die Sachen tun oder sagen, die sie tatsächlich gar nie getan oder gesagt haben. Der Begriff setzt sich aus den Wörtern ›Deep Learning‹ (einer Methode, durch die eine Künstliche Intelligenz lernt) und ›Fake‹ zusammen.

Die Manipulation von Medieninhalten ist kein neues Phänomen und wird, vor allem im Zusammenhang mit politischer Propaganda, schon lange eingesetzt. Im Unterschied zu früher werden heute jedoch Künstliche Intelligenz und die Rechenleistung von Computern genutzt.«[1]

Falls Sie sich noch nicht mit diesem Aspekt oder anderen Bereichen von künstlicher Intelligenz auseinandergesetzt haben, dann wird es umgehend Zeit dafür, da hiervon insbesondere für unsere Kinder und Jugendlichen, aber auch für die ältere Generation und letztendlich für uns alle eine nicht zu unterschätzende Gefahr ausgeht. Eine Gefahr, die wir gesamtgesellschaftlich noch größtenteils ignorieren, indem wir uns im Alltag eben nicht mit der Technologie von künstlicher Intelligenz auseinandersetzen.

Unsere Generation verhält sich hier ähnlich fahrlässig wie schon bei der Entwicklung und Verbreitung sozialer Netzwerke: Wir ignorieren die Zeichen der Zeit, die Entwicklung von Technologien im Netz und reden uns damit heraus, dass wir uns mit diesen Dingen neben all den Problemen, die wir derzeit haben, nicht auch noch beschäftigen können. Das aber ist eine fatale Einstellung, mit der wir letztlich eine friedvolle und demokratische Zukunft gefährden. Künstliche Intelligenz wird – und das soll kein angsteinflößender, dystopischer Blick sein, sondern uns alle zu einer realistischen Wahrnehmung zwingen – die Kraft haben, alles bisher Bekannte zu verändern und zu beeinflussen. Positiv wie negativ. Daher müssen wir uns fit machen, neugierig sein und vor allem zum starken und beschützenden Partner für unsere Heranwachsenden, aber auch für die ältere Generation werden.

Natürlich müssen wir dafür keine Technikexpertinnen und -experten werden. Möglicherweise ist diese Annahme derzeit das Problem. Immer wieder geht es um die Technik und die Funktion von künstlicher Intelligenz. Medienberichte und

Experteninterviews können einem wie die sprichwörtlichen böhmischen Dörfer erscheinen, schrecken dadurch ab und sorgen für Desinteresse oder gar Ignoranz, weil KI doch vermeintlich im Alltag keine Rolle spielt.

Ich bin auch keine Technikexpertin, ich bin in erster Linie ein Mensch, der sich große Sorgen um den Werteverlust in unserer Gesellschaft macht. Was leben wir den Kindern vor? Welches Beispiel geben wir ihnen? Sind wir noch Vorbild? All diese Fragen müssen wir uns endlich stellen.

Noch immer trennen wir fahrlässigerweise die angeblich normale, also analoge Welt konsequent von der digitalen Welt, die aus Sicht vieler ja nicht echt ist und nur auf irgendwelchen Datenautobahnen stattfindet. Es gibt aber nur die eine Welt. Überall da, wo Menschen aufeinandertreffen und miteinander in den Austausch gehen, kommt es doch zu ebenso menschlichen Begegnungen. Kommunikation, Vernetzung und ebenjener Austausch finden schon lange auch im Netz statt. Sei es in den sozialen Netzwerken wie Facebook, Instagram, WhatsApp, Snapchat, TikTok & Co. oder per Mail oder Videotelefonie. In diese Zeit und diese Realität wurden die Kinder von heute hineingeboren und trennen gerade deswegen analog nicht von digital.

An dieser Stelle möchte ich eine kleine Anekdote erzählen: Schon vor einiger Zeit haben mich Schülerinnen und Schüler darum gebeten, nicht mehr von Facebook als einem ihrer sozialen Netzwerke zu sprechen. Schließlich sei Facebook ein Netzwerk für alte Leute … Falls Sie also noch einen Facebook-Account besitzen, ist das Urteil über Sie gefällt: Sie sind alt.

Wenn also menschliche Begegnungen sowohl auf virtuellen als auch auf analogen Wegen parallel stattfinden, sollten wir endlich aufhören, die Welt in analog und digital zu unterteilen. Unsere Kinder tun dies wie gesagt auch nicht. Für sie sind

Probleme in sozialen Netzwerken ebenso real wie jene im Klassenzimmer, im Sportverein oder auf Partys am Wochenende. Freundschaft fühlt sich (leider) im Netz oftmals ebenso an wie im »echten« Leben.

Unsere Generation hat es hier gründlich verbockt. Wir haben es weder geschafft, einen Wertekonsens für ein freundliches und friedfertiges Miteinander im Netz auszuhandeln, noch ist es den gewählten Vertreterinnen und Vertretern in politischen Gremien und Verantwortungsbereichen gelungen, längst überfällige politische Regulierungen für diesen Bereich festzulegen und in Gesetzen zu verankern.

Beim Thema künstliche Intelligenz machen wir aus meiner Sicht nun die gleichen Fehler. Wir ducken uns weg und bringen damit nicht nur unsere Kinder in große Gefahr.

KI geht uns alle an. Vielleicht nicht aus technischer Sicht. Bestimmt aber aus moralischer und ethischer Sicht. Sie sind verantwortlich, ich bin verantwortlich, jede und jeder von uns ist verantwortlich, die Welt für die Kinder zu einem geschützten, sicheren und fröhlichen Ort zu machen. KI ist nun ein starker Teil dieser Welt, mit der Kraft, die Wahrheit zu verfälschen und Konflikte im Privaten, aber auch auf internationaler Ebene zu potenzieren.

Mein Anliegen ist es daher nicht, technisch aufzuklären oder mit dem Entwicklungstempo mitzuhalten, vielmehr will ich Denkanstöße geben und zum kritischen Denken anregen, Ängste aufgreifen und vielleicht auch beruhigen und Ihnen im besten Fall sogar Spaß an der Auseinandersetzung mit dem Thema vermitteln. Es geht um nicht mehr als um ein Grundverständnis für KI und das gegenseitige Versprechen, dass wir mit Blick auf die nächste Generation, also mit Blick auf unsere Kinder, einen guten und sicheren Umgang mit künstlicher Intelligenz gestalten und nicht ein weiteres Mal in der Art versagen wie bei der Entwicklung der sozialen Netzwerke.

Menschen aus meinem Leben, mit denen ich über künstliche Intelligenz gesprochen habe, werden ihre Gedanken zum Thema mit Ihnen als Leserinnen und Lesern teilen, und zwar aus völlig unterschiedlichen Blickwinkeln.

Um sich dem Thema KI langsam zu nähern, beantworten Sie aber doch zunächst einmal für sich einige der folgenden Fragen:

- Wussten Sie, dass es mittlerweile keinen Pinsel und keine Farbe mehr braucht, um Kunstwerke zu erstellen, sondern dass man Kunstwerke allein durch die Eingabe von Texten, also Buchstabe an Buchstabe, entstehen lassen kann? Quasi per Knopfdruck? Sie geben den Text ein und bekommen wie von Zauberhand ein gemaltes Werk. Der Stil ist dabei völlig frei wählbar. Schauen Sie sich gern meinen Selbstversuch an. Der Bildgenerator DALL-E ist zum Beispiel bei ChatGPT integriert, durch das Scannen des QR-Codes sehen Sie den Prozess der Bilderstellung.

Die fertigen Produkte sehen so aus:

- Wussten Sie, dass das Ganze auch mit Fotos möglich ist? Sie benötigen keinen Fotoapparat, keine digitale Kamera und keine Smartphone-Kamera mehr, um täuschend echte Fotos zu erstellen. Auch hier reicht ein Programm, in das man Aufforderungen in Textform eingibt, um ein Foto zu erstellen. Sie haben davon noch nie gehört? Ich habe das mal ausprobiert. Das Ergebnis ist ein in ein paar Sekunden entstandenes und dennoch in der Qualität sehr beeindruckendes Produkt.

  Das Besondere: Es handelt sich dabei nicht um ein bereits existierendes Foto, bei dem mittels Bildbearbeitungsprogramm schlicht der Kopf getauscht wurde. Alles, sowohl der Hintergrund als auch die Kleidung oder die Handhaltung, ist allein durch die Eingabe von Texten entstanden.

Dieses Foto von mir als Köchin hat es in der Realität niemals gegeben. Einzig der beschreibende Auftrag in einem Programm mit sogenannter bildgenerierender KI erzeugte dieses Foto, was mich kurz darüber nachdenken lässt, meinen Beruf zu wechseln, denn eigentlich sehe ich ja recht zufrieden aus.

- Wussten Sie, dass es mittlerweile möglich ist, Videos komplett zu verändern? Man kann Menschen aus einem Video herausschneiden, die entstandene Lücke im Hintergrund wird dann durch KI an das bestehende Video angepasst, sodass es so aussieht, als wäre die entfernte Person tatsächlich nie Teil dieses Videos gewesen.

- Wussten Sie, dass in Kundenservice-Centern, denen Sie eine Nachricht schreiben, in vielen Fällen kein Mensch mehr antwortet, sondern ein sogenannter Chatbot, also ein KI-gestützter, virtueller Assistent? Der gute alte »Herr Kaiser«, den viele von uns noch aus einer Fernsehwerbung kennen, ist also mittlerweile zu einem Chatbot geworden.

- Wussten Sie, dass künstliche Intelligenz in der Medizin dabei hilft, Röntgenbilder, CT-Aufnahmen oder Netzhaut-Scans auszuwerten, um somit Hinweise auf Erkrankungen schneller und genauer zu erkennen als ein Arzt?

- Wussten Sie, dass KI vielfach im Journalismus eingesetzt wird? Beispielsweise bei der Erstellung von Texten oder der Produktion von Nachrichtenfilmen? Wenn früher noch getextet, Bilder gesucht und der Text eingesprochen werden musste, was oft mehr als eine Stunde oder länger dauerte, so sind es mithilfe von KI heute nur noch zehn Minuten.

- Wussten Sie, dass Sie, wenn Sie Sprachassistenten wie beispielsweise Alexa oder Siri nutzen, schon längst mit KI in Berührung gekommen sind? Oft jeden Tag?

- Wussten Sie, dass eine Serien- oder Filmempfehlung bei Netflix & Co. ebenso auf KI basiert wie personalisierte Werbung bei Facebook, Instagram und Google? Wenn Sie sich also vor Kurzem ein Paar Schuhe in einem Onlinekaufhaus angesehen haben, ist es eben leider kein Wink des Schicksals, wenn genau diese Schuhe auf einer völlig anderen Internetseite wieder auftauchen, sondern pure KI-Berechnung.

- Wussten Sie, dass KI Lieder produzieren und abspielen kann? Völlig ohne Instrumente?

- Wussten Sie, dass es Apps gibt, die durch künstliche Intelligenz in der Lage sind, Menschen quasi virtuell auf einem Bild zu entkleiden und sie komplett nackt darzustellen?

- Wussten Sie, dass das »Robbenbaby« Paro ein Roboterstofftier ist, das in der Kinder- und Altenpflege eingesetzt wird? Paro reagiert mittels KI auf Stimmen und Berührungen wie ein echtes Tier und lernt selbstständig durch ebenjene lernende künstliche Intelligenz, wie er mit Patienten interagieren kann. Selbst Gesichter kann Paro erkennen und darauf reagieren.[2]

- Wussten Sie, dass es Drohnen gibt, die Waldwege selbstständig erkennen und anspruchsvolles Gelände eigenständig durchfliegen können? Forscher der Universität Zürich haben dieses System entwickelt, um so Rettungskräfte zukünftig dabei zu unterstützen, vermisste Wanderer und Bergsteiger schneller und gefahrlos zu finden.[3]

- Wussten Sie, dass ChatGPT Ihnen ganze Zeitungsartikel oder Bücher zusammenfassen kann? Dazu muss man nur die entsprechenden Seiten abfotografieren, bei ChatGPT hochladen und den Auftrag erteilen, ChatGPT möge den Artikel in einfachen Worten zusammenfassen. Ebenso könnte man die Kopien eines ganzen Buches hochladen und bekommt eine sehr gute Analyse des Buches.

- Wussten Sie, dass es Programme wie HeyGen Labs gibt, die es Nutzern ermöglichen, in verschiedenen Sprachen zu sprechen? Dazu nimmt man ein Video von sich auf, das mindestens 30 Sekunden lang sein muss, und lädt es in dem Programm hoch. Die künstliche Intelligenz übersetzt das Gesagte und synchronisiert die Lippenbewegungen innerhalb weniger Momente, wobei sie die Stimme »klont«, sodass man keinen Unterschied zum Original hört. So könnte man zum Beispiel annehmen, ich hätte Spanisch, Italienisch und Arabisch in 30 Sekunden gelernt, wenn man sich das folgende Video anschaut: Hören und vor allem sehen Sie selbst! Meine Lippenbewegung ist absolut passend und der Klang meiner durch KI imitierten Stimme identisch zu meiner realen Stimme.

- Wussten Sie, dass sich laut einer Umfrage des Softwareunternehmens Kaspersky aus dem Jahr 2021 jeder vierte junge Mensch in Deutschland vorstellen kann, sich in eine künstliche Intelligenz zu verlieben,[4] und dass es bereits Apps gibt, die Chatbots zu Persönlichkeiten werden lassen? Bei der App Replika erhält das Computerprogramm, also der Chatbot, vom Nutzer einen Namen und eine Persönlichkeit. Ziel ist es, einen Partner, eine beste Freundin für die Hosentasche zur Verfügung zu stellen. Je länger man mit Replika spricht, desto besser und »emotionaler« reagiert sie und lernt dazu. Auch wenn Replika nicht aussieht wie ein Mensch, sondern eher wie ein Avatar, also wie eine Art Comicfigur, verschwimmen für viele Menschen durch die intensiven Gespräche mit dem Chatbot schon bald Realität und Fiktion.[5]

Glauben Sie nun immer noch, KI gehe Sie in Ihrem Alltag nichts an? Man könnte den Fragenkatalog sicher beliebig erweitern. Klar ist aber, dass künstliche Intelligenz bereits in viele Bereiche unseres Alltags vorgedrungen ist. Natürlich macht das Angst, insbesondere, weil man KI eben nicht sieht, sie keine Gestalt hat. Ahnungslosigkeit macht noch dazu hilflos. Beides sind schlechte Ratgeber für den Umgang mit dieser komplexen Technologie, die uns alle beeinflussen wird, ob wir wollen oder nicht.

Dabei ist es unsere Aufgabe, Kinder und Jugendliche insbesondere vor den dunklen Seiten der künstlichen Intelligenz zu schützen. Sei es in sozialen Netzwerken oder bei der Nutzung anderer Computerprogramme oder auch schlicht im Umgang mit Informationen, von denen wir immer weniger wissen, ob es sich um Wahrheit oder Fake handelt. Wir sollten uns daher nicht von Desinteresse, Ignoranz und Unkenntnis regieren lassen, sondern uns endlich diesem wichtigen Thema stellen.

Künstliche Intelligenz in unsere Mitte holen

Es liegt an jedem Einzelnen von uns, Verantwortung für die Gestaltung unserer und der Zukunft unserer Kinder zu übernehmen – eine Zukunft, die von künstlicher Intelligenz mehr beeinflusst wird, als uns bislang vermutlich klar ist –, was zuallererst bedeutet, dass wir das Thema KI in unsere Mitte holen müssen. In die Gespräche mit den Kindern in der Schule und natürlich in Lehr- und Lernprozesse. In die eigene Arbeitsstätte, in den Freundeskreis, in die Familien. Und zwar nicht nur aus technisch-wissenschaftlicher Sicht, sondern in erster Linie aus menschlicher Sicht. Es geht nicht darum, mit Wissen zu glänzen, sondern überhaupt darüber zu sprechen, wie präsent digitale Transformation und KI in unserem Alltag und in der Gesellschaft bereits sind. Es geht darum, über Sorgen zu sprechen, aber auch aus Desinteresse Neugier zu machen, damit wir ein eigenes Interesse daran entwickeln, uns dem Thema KI anzunähern und uns dazu schlauzumachen.

Wenn es also an uns liegt, KI in unsere Mitte zu holen, fange ich doch einfach bei mir an, in meiner eigenen Familie. Um auch bei uns zu Hause das Thema Digitalisierung und KI quasi als Gast mit an den Frühstückstisch zu holen, habe ich mich mit meinem Mann Michael und meinen beiden Töchtern Svenja und Jessica zu einem Sonntagsfrühstück mit einem Gespräch über künstliche Intelligenz verabredet. Wenngleich unsere Frühstückszeit vielleicht nicht ganz den Gewohnheiten der Mädels entspricht, haben die zwei sich dennoch bereit erklärt, den Sonntagmorgen mit uns und der künstlichen Intelligenz als Gast am Familientisch zu verbringen. Übrigens hat uns dieser Sonntagmorgen wieder sehr deutlich vor Augen geführt, wie viele praktische und positive Seiten die Digitalisierung eben auch hat. Svenja, Jessica und ich waren nämlich alle von Corona betroffen und sehr verschnupft. Daher haben wir uns entschieden, dann eben virtuell via Zoom-Konferenz miteinander zu frühstücken und zu schnacken, wie man bei uns im Norden so sagt.

Falls Sie mein erstes Buch »Wir verlieren unsere Kinder« gelesen haben, haben Sie vielleicht auf der ersten Seite entdeckt, dass es zwei ganz besonderen Persönlichkeiten in meinem Leben gewidmet ist, nämlich meinen beiden Stieftöchtern. Sie sind mit mir groß geworden, und ich bin mit ihnen ehrlicherweise auch erwachsener geworden und in die digitale Welt der Kinder und Jugendlichen eingetaucht.

Mittlerweile sind die beiden erwachsen und stehen mit beiden Beinen im Leben, Svenja arbeitet in einer Unternehmensberatung in Cloppenburg und Jessica als Krankenpflegerin in einem Krankenhaus in Oldenburg. Unser Gedanken- und Meinungsaustausch zu KI hat meinen Mann und mich auch deswegen sehr begeistert, weil wir Svenja und Jessica dabei in der Rolle als erwachsene junge Frauen erlebt haben, die mittlerweile ganz eigene Erfahrungen in Alltag und Beruf sammeln. Gleichzeitig zeigt unser Gespräch aber auch, dass wir für den Umgang mit künstlicher Intelligenz und Digitalisierung möglicherweise deutlich schlechter vorbereitet sind, als uns Zeitungsartikel und Fernsehsendungen glauben lassen. Die Entwicklung der Technologien galoppiert davon, ohne dass wir vielleicht überhaupt das »Reiten« gelernt haben. Droht also ein Desaster?

Unsere gesamte Unterhaltung am Frühstückstisch können Sie nachhören, wenn Sie den folgenden QR-Code einscannen.

Svenja ist 32 Jahre alt und arbeitet als Marketingmanagerin. Sie erzählt, dass Digitalisierung und KI für ihre Kolleginnen und Kollegen bereits eine Rolle spielt, für sie aber noch nicht so stark.

> **Svenja Müller, Marketingmanagerin**
> Ich arbeite mit einem Laptop und da auch mit ganz vielen verschiedenen Programmen im Projektmanagement. Natürlich ist das digital und online und verbindet uns Kollegen alle. Wir haben viele digitale Meetings, über Zoom zum Beispiel, dazu feste, digitale Jours fixes. Viele Kollegen arbeiten

auch mit verschiedenen KI-Tools. Ich aber zum Beispiel gar nicht. Ich habe damit nicht viel zu tun.
Ein Tool etwa, mit dem Kollegen arbeiten, schneidet kleine Videos. Da muss man nur ein langes YouTube-Video hochladen, und die künstliche Intelligenz im Programm schneidet ganz viele kleine Videos daraus für Reels auf Instagram und TikTok. Es gibt auch ein KI-Tool, das Bilder nur aus schriftlichen Anleitungen erstellt. Da schreibst du zum Beispiel: »Ein Kaninchen, das auf dem Fahrrad sitzt, grün aussieht, und im Hintergrund siehst du Berge«, und dann stellt dir die KI genau so ein Bild her.
In der Schul- und Ausbildungszeit wurde ich nicht auf digitale Technologien oder auch künstliche Intelligenz vorbereitet. Mehr als Excel und Word habe ich in der Schule diesbezüglich nicht gelernt. Leider. Also wurde ich komplett ins kalte Wasser geworfen.

Als Nächstes frage ich Jessica, 28 Jahre alt und Krankenpflegerin, ob in den Krankenhäusern mittlerweile alles digital abläuft, ob Ärzte nicht mehr mit Akten, sondern mit iPads durch die Gänge laufen wie in der Serie »Grey's Anatomy«.

Jessica Müller, Krankenpflegerin
Das ist von Krankenhaus zu Krankenhaus sehr unterschiedlich. Es gibt Krankenhäuser, da haben Ärzte und Schwestern Laptops, die sie auf einem Wagen mit sich schieben können und so bei den Patienten Visite machen. Wir haben keine Laptops, wir machen das noch mit Zettel und Stift. Also auch in den Übergaben. Was wir digital führen, sind die Patientenakten, die wir aber auch noch als Papierakten haben. Darin steht allerdings dann nicht alles, sondern eher wichtige Informationen oder Vorbefunde oder Ähnliches. Die ausführliche Dokumentation läuft über den PC.

Wir haben dafür bestimmte Programme. Es gibt auch Krankenhäuser, die haben beispielsweise elektronische Blutdruckgeräte, wo alles dran ist, wo man digital alles gleichzeitig messen kann, zum Beispiel Sauerstoffsättigung, Puls, Temperatur und Blutdruck. Aber es gibt auch Krankenhäuser, da misst du das alles noch manuell.

Als Unternehmer hat mein Mann Michael natürlich einen anderen Blick auf die Auszubildenden, die kommen, oder auch auf Quereinsteiger, auf die wegen des Fachkräftemangels auch in der Immobilienbranche zurückgegriffen wird.

Michael Müller, Unternehmer in der Immobilienbranche
Die jungen Auszubildenden oder die jungen Leute sind nicht auf digitales Arbeiten vorbereitet. In unserem Betrieb versuchen wir, die Digitalisierung einfließen zu lassen. Alle Arbeitsabläufe sind digital ausgerichtet. Ob es eine Bildbearbeitung ist, ob es um Texterstellung geht oder um eine Immobilien-Software, in der unsere Immobilien gelistet und von dort an Internetbörsen übertragen werden. Die jungen Menschen, die bei uns in den Betrieb kommen, holen wir ab und nehmen sie mit auf einen langen Weg. Einmal in das Fachliche, das ist ganz klar, aber eben auch in die Digitalität. Was sie gut können, ist WhatsApp, snapchatten und Social Media allgemein. Ich trenne ja noch stark zwischen der digitalen und der analogen Welt. Die jüngere Generation kommt um Social Media gar nicht mehr herum.
Die Digitalisierung ist – ob positiv oder negativ besetzt – in aller Munde. Zum einen haben wir einen Fachkräftemangel, da kann man mithilfe der Digitalisierung gewisse Arbeitsabläufe effektiver gestalten. Aber für mich ist analoges Arbeiten auch noch wichtig. Ich vertraue nicht darauf, dass irgendwo in einer Cloud meine ganzen Daten liegen. Grund-

sätzlich ist das zwar praktisch, aber wenn die Cloud oder die Daten, aus welchen Gründen auch immer, weg sind, sind sie weg. Und wenn ich etwas ausgedruckt habe, was ich haptisch anfassen kann, dann habe ich ein Gefühl von Sicherheit. Deswegen arbeiten wir auch noch bei einigen Arbeitsabläufen analog.

Das ist die große Diskussion: Fluch und Segen von sozialen Netzwerken. Und damit kommen wir eigentlich zu einer guten Überleitung: Künstliche Intelligenz, die seit November 2022, spätestens Anfang des Jahres 2023 durch den Begriff ChatGPT in aller Munde ist.

Künstliche Intelligenz kommt immer mehr in der Industrie vor, etwa im Bereich der Robotik. Man bringt KI mit viel Angst in Verbindung, aber auch mit vielen Chancen. Ich glaube, es ist wichtig, das zu besprechen. Ich frage meine beiden Stieftöchter, die zu den Gen Zs, zur Generation Z gehören, die mit dem Thema KI und Digitalisierung angeblich aufwächst, ob künstliche Intelligenz in ihrem Privatleben eine Rolle spielt.

Jessica meint, dass das bei ihr nicht der Fall sei, sie würde von ChatGPT nur wissen, weil wir es ihnen gezeigt haben. Mit anderer KI hätte sie privat nichts zu tun.

Ich weise Jessica darauf hin, dass sie bei Instagram manchmal Filter über ihr Profil setzt, und dass das möglicherweise künstliche Intelligenz sein könnte.

Svenja Müller

Ich könnte außer Filtertechniken oder verschiedene Apps, bei denen künstliche Intelligenz zum Einsatz kommt, oder irgendwelche Chatbots, die auch auf künstlicher Intelligenz basieren, nichts nennen. So wirklich Ahnung davon habe ich auch nicht, vor allem nicht, wie KI funktioniert.

Auch in meinem Freundeskreis ist es ähnlich. Wir haben alle

nicht wirklich viel Ahnung von künstlicher Intelligenz. Sie wird auch kaum bewusst genutzt, es gibt eher diese unbewusste Nutzung in Form von Filtern.

Michael Müller

Man liest überall davon. Man wird überall damit konfrontiert. Aber tatsächlich habe ich selbst kaum Berührungen mit KI. Ich habe das mal versucht mit ChatGPT, denn ich wurde ja genötigt in meinem engeren Familienkreis. Für die Erstellung eines Exposés habe ich mich mal an ChatGPT versucht. Meine Aufgabe für ChatGPT hieß: »Schreibe bitte ein blumiges Exposé!« Es las sich auch ganz gut und ging in der Erstellung relativ schnell. Das fand ich entzückend. Und es war fehlerfrei, also Kommasetzung und Groß- und Kleinschreibung waren richtig. Schachtelsätze wurden ebenso vermieden. Und dann habe ich den Text quergelesen und habe das Exposé versuchshalber online gestellt. Viele meiner Kollegen machen das wahrscheinlich schon längst in professioneller Art und Weise, ich bin dabei aber eben nicht professionell gewesen und hätte sicher eine andere Aufgabe formulieren müssen. Mein Auftraggeber meldete dann eher kritisch zurück, dass das, was ich da geschrieben hätte, keiner glauben würde, weil es viel zu blumig sei. Danach habe ich mir sofort das Exposé zur Hand genommen und habe es umgeschrieben, wie immer eben.

Wir sind vier Erwachsene, die in unterschiedlichen Bereichen unterwegs sind, und kommen alle zu dem Punkt zu sagen: »So richtig vorbereitet auf alle Dimensionen von KI, außer dem Wissen, dass man Bilder und Texte erstellen kann mittels künstlicher Intelligenz, sind wir alle nicht.« Ich habe euch ja mal von dieser Seite erzählt, die in der Lage ist, kinderpornografische Bilder per Knopfdruck zu erzeugen, was uns sehr erschreckt hat. Und von dem sogenannten Enkel-Betrüger-Trick.

Ich frage die Gen-Z-Vertreterinnen, ob sie Angst vor dieser Entwicklung haben, und anschließend meinen Mann.

> **Svenja Müller**
> Ja, ich habe da gerade drüber nachgedacht, weil wir KI ja auf der Arbeit benutzen. Aber wir nutzen das halt in die positive Richtung, und ich habe mir bis jetzt nie darüber Gedanken gemacht, dass man das ja auch in eine negative Richtung auslegen kann. Und das ist schon sehr erschreckend.

Jessica gibt an, wenig damit zu tun gehabt und deswegen auch wenig darüber nachgedacht zu haben. Aber wenn sie darüber nachdenkt, würde es ihr schon Angst machen.

> **Michael Müller**
> Ich habe einen Instagram-Account, den habe ich vor einigen Jahren angelegt. Gestern wollte ich einige aktuelle Bilder hinzufügen und habe es nicht hinbekommen. Also daran kann man schon mal sehen, dass ich mich mit sozialen Netzwerken, aber sicher auch mit künstlicher Intelligenz zu wenig beschäftige. Angst habe ich keine, aber großen Respekt schon. Ich würde mich freuen, wenn es vonseiten der Politik Reglementierungen gäbe, um das Negative einzudämmen. Wie das funktionieren kann, weiß ich nicht. Das Internet bedeutet Meinungsfreiheit, und alle die Dinge, die dort zusammentreffen, sind ein kaum zu fassendes Thema.

Auf die Frage, wer sie besser auf den Umgang mit KI vorbereiten sollte, fällt ihnen nichts ein, aber wir sind uns einig, dass solche Gespräche, wie wir es geführt haben, sehr wichtig sind, um wenigstens anzufangen, die Dinge kritisch zu hinterfragen.

Um immer zu hinterfragen, ob das, was man da als vermeintliche Nachricht liest, stimmt, ob das Foto nicht gefakt sein könnte? In dieser Kompetenz müssen wir alle stärker werden.

Medien vermitteln derzeit das Bild, die künstliche Intelligenz sei längst in der Mitte unserer Gesellschaft angekommen und stelle ein normales Thema im Alltag dar. Auch wenn es nur das Gespräch einer einzigen Familie auf dem Land war, so zeugt es doch davon, dass das Wissen über KI, ja über Digitalisierung allgemein sehr schwach ist.

Das stimmt nachdenklich, andererseits bin ich überzeugt, dass der Weg, im Alltag mit anderen über künstliche Intelligenz zu sprechen, eine große Chance darstellt. Erst wenn man ein Thema aus vielen Blickwinkeln und vor allem auch aus dem normalen Alltag heraus beleuchtet, verliert man doch Ängste und die Scham, sich nicht so gut auszukennen. Vor allem aber entwickelt sich durch die Gespräche ein Interesse am Thema, vielleicht wird Neugier geweckt, und vielleicht erkennt man auch, dass man bestimmte Dinge einfach mal ausprobieren sollte, um mitreden zu können oder sogar den Alltag an bestimmten Stellen etwas zu entlasten. Zum Beispiel mit dem vielfach genannten Programm ChatGPT.

Definitionsversuche

Doch wie lässt sich KI in einfachen Worten erklären? Die EU-Initiative Klicksafe[6] hat sich zum Ziel gesetzt, die Onlinekompetenzen von Menschen zu fördern und Eltern, Erziehende, Lehrkräfte oder auch Kinder bei einem kompetenten, aber auch kritischen Umgang mit den sozialen Medien zu unterstützen. Das unabhängige Portal bietet wunderbare, moderne und ansprechende, auch interaktive Materialien an, die aufklären und wirklich Spaß in der Bearbeitung machen. Alle, die Kinder haben oder mit Kindern arbeiten, sollten diese Seite ganz fest in ihrem Gedächtnis verankern und immer wieder darauf zugreifen.

Erst im Herbst 2023 hat Klicksafe einen sehr guten Themenbereich zu künstlicher Intelligenz veröffentlicht, aus dem ich im Folgenden einige Punkte zitieren möchte. Zunächst wird in einfachen Worten erklärt, was man unter »künstlicher Intelligenz« versteht:

> *»Eine allgemein gültige Definition des Begriffs gibt es nicht. Man kann aber die Bedeutung der beiden Worte betrachten, aus denen sich der Begriff zusammensetzt. ›Künstlich‹ meint, dass es sich um ein vom Menschen künstlich hergestelltes System handelt, also um eine Maschine. Mit dieser Maschine versucht man, ›Intelligenz‹ – sprich bestimmte kognitive Fähigkeiten des Menschen – zu simulieren.*
> *(…)*
> *Ziel von KI-Technologien ist es, Maschinen darin zu befähigen, intelligentes Verhalten nachzuahmen. Was jedoch genau als ›echte‹ Intelligenz zu verstehen ist, ist nicht eindeutig geklärt. (…) Ein Taschenrechner etwa ist dem Menschen in seiner Rechenfähigkeit weit überlegen, wird deshalb aber nicht als ›intelligent‹ bezeichnet. Und eine KI kann zwar Fragen richtig beantworten, versteht aber weder die Bedeutung der Frage noch die der Antwort.«*

Im Weiteren wird erklärt, dass es nicht nur eine einzige Art von künstlicher Intelligenz gibt, sondern dass sich hinter dem Begriff verschiedenste Methoden und Technologien verbergen. Dabei kann man zwischen zwei Arten von KI-Systemen unterscheiden: der starken und der schwachen KI. Die Unterscheidung sieht dabei wie folgt aus:

»Bei der sogenannten ›starken‹ KI (General AI) versucht man, Computersysteme zu bauen, die die intellektuellen Fähigkeiten des Menschen nachahmen oder diese sogar übertreffen können. (...) Diese Art der KI ist eine Zukunftsvision und momentan nicht Schwerpunkt der Forschung. Es gibt auch Diskussionen darüber, ob so ein System technisch überhaupt realisierbar ist.

Der Fokus in der KI-Entwicklung liegt vor allem auf der sogenannten ›schwachen‹ KI (Narrow AI). Also auf Systemen, die für einen klar definierten Aufgabenbereich konzipiert sind, um dort eine spezifische Aufgabe zu lösen. Schwache KI-Systeme besitzen keine Intelligenz und auch kein umfassendes Verständnis von der Welt. Dennoch können diese Systeme Erstaunliches leisten. (...) So hat im Jahr 1997 beispielsweise eine auf Schach spielen programmierte KI namens Deep Blue (IBM) den damaligen Schachweltmeister Garry Kasparov besiegt. (...)

Mit sogenannten ›schwachen‹ KIs kommen wir täglich im Internet in Berührung. Angefangen bei der Autokorrektur über personalisierte Empfehlungssysteme bis hin zu Übersetzungsprogrammen. Achtung: ›Schwache‹ KI kann uns beeinflussen und je nach Einsatzort problematisch sein.«[7]

Hervorragend wird auf Klicksafe auch erklärt, was es tatsächlich mit bild- und textgenerativer KI auf sich hat. Diese Unterscheidung ist allein schon aufgrund der vielen Risiken wie gefakten Bildern oder der großen Thematik ChatGPT von elementarer Bedeutung. So heißt es auf der Seite von Klicksafe:

»Der (textgenerierende) Chatbot ChatGPT (...) beantwortet Fragen in natürlicher Sprache. Dafür greift er auf eine umfangreiche Datenbank an Texten zurück, die sich aus dem In-

ternet und anderen öffentlich zugänglichen Quellen speisen. (…) Der Chatbot My AI auf Snapchat basiert auf ChatGPT und dient zum Chatten und zur einfachen Recherche. (…) Auch Googles Chatbot Bard kann Texte erstellen und Dialoge in menschenähnlicher Sprache führen. Wie bei ChatGPT können auch hier Teile der Antworten unwahr sein.

Mit Text-zu-Bild-Generatoren lassen sich aus Textbeschreibungen Bilder, Grafiken oder Illustrationen erzeugen oder bearbeiten. Midjourney zählt in diesem Bereich zu einem der bekanntesten Tools. Weitere Beispiele für Bilder generierende Angebote wären zum Beispiel Stable Diffusion, DALL-E von OpenAI, Canva oder Adobe Firefly. Es gibt jedoch auch andere Arten von Bildgeneratoren, die nicht auf Texteingaben angewiesen sind.

*Der Einsatz solcher synthetischen Bildinhalte ist vielfältig. Bildgeneratoren werden zum Beispiel im Bereich Onlinegaming genutzt, um Avatare, die Spielumgebung oder auch Gegenstände zu kreieren. Die KI ist auch immer besser imstande, real anmutende Bilder von nicht existierenden Menschen zu erzeugen. Vor diesem Hintergrund lässt sich in sozialen Netzwerken seit einigen Jahren das Phänomen von ›virtuellen Influencer*innen‹ vereinzelt beobachten. Bekannte Beispiele sind Lil Miquela, eine Influencerin mit über 2,8 Millionen Follower*innen auf Instagram oder Rozy Oh, mit ca. 154 000 Follower*innen. Beide Charaktere sind KI-getrieben, generieren hohe Reichweiten und waren schon Teil von Werbekampagnen international bekannter Marken.«*[8]

Spannende und neue Welten tun sich hier auf, und auch wenn manches vielleicht nur schwer nachvollziehbar ist, so ist es doch wichtig, sich mit diesen Entwicklungen zu beschäftigen. Ich hoffe, Sie haben Lust bekommen, sich bei Klicksafe vertiefender einzulesen.

Aber natürlich darf an dieser Stelle auch der Versuch nicht fehlen, eine KI selbst erklären zu lassen, was sie eigentlich ist. Ich habe ChatGPT-4 Folgendes gefragt, also folgenden Prompt formuliert:

»Hallo, ich bin Silke. Ich schreibe ein Buch, in dem ich meinen Leserinnen und Lesern einen Einblick in künstliche Intelligenz geben möchte. Ich möchte das Thema für die breite Mitte der Gesellschaft besprechbar machen, einerseits auf Gefahren wie Deepfake und Manipulation hinweisen und dafür sensibilisieren, andererseits Ängste abbauen. Ich möchte verdeutlichen, wie wichtig es ist, dass sich jeder von uns mit künstlicher Intelligenz beschäftigen muss, um ein Vorbild für die Kinder zu sein und um sie sicher im Umgang mit all den Gefahren, die durch KI zum Beispiel in sozialen Netzwerken drohen, zu begleiten.
Zu Beginn ist es sicher wichtig, in einfachen Worten zu erklären, was künstliche Intelligenz überhaupt ist. Bitte erkläre meinen Lesern daher, wie man zum Beispiel einem 5-jährigen Kind erklären würde, was KI eigentlich ist. Fasse dich bitte möglichst kurz.«

Innerhalb weniger Sekunden formulierte ChatGPT diese Antwort:

»Hallo Silke! Das klingt nach einem großartigen Projekt. Hier ist eine einfache Erklärung von KI für einen 5-Jährigen:
Stell dir vor, KI ist wie ein Gehirn in einem Computer. Genau wie du lernst, wenn du neue Spiele spielst oder neue Bücher liest, kann KI von Daten lernen und dann Dinge tun, wie zum Beispiel uns helfen, Musik zu finden, die uns gefällt, oder Bilder zu malen. Aber es ist wichtig zu wissen, dass KI nicht wirklich wie ein menschliches Gehirn denkt oder fühlt. Es ist ein-

fach eine Art, dem Computer beizubringen, bestimmte Aufgaben zu erledigen.
Ich hoffe, das hilft dir weiter!«

Diese Antwort war mir dann doch etwas kurz, und ich ergänzte folgenden Prompt:

> *»Hm, ich denke, das ist meinen Lesern möglicherweise doch zu oberflächlich und ungenau. Kannst du bitte etwas genauer erklären? Vielleicht für einen Erwachsenen, der aber von Computertechnik keine Ahnung hat und trotzdem ein Grundverständnis benötigt, was KI ist?«*

ChatGPT antwortete umgehend:

> *»Natürlich, Silke! Hier eine etwas detailliertere Erklärung für Erwachsene ohne technischen Hintergrund:*
> *Künstliche Intelligenz, oft einfach als KI bezeichnet, ist ein Bereich der Informatik, der sich damit beschäftigt, Maschinen dazu zu bringen, ›intelligente‹ Aufgaben zu erledigen. Denken Sie an Dinge, die normalerweise menschliches Denken erfordern, wie das Erkennen von Bildern, das Verstehen von Sprache oder das Vorhersagen von Mustern. Es ist im Grunde genommen ein Versuch, Computern beizubringen, Probleme zu lösen oder Entscheidungen zu treffen, indem sie Daten analysieren und daraus lernen. Das ›Lernen‹ erfolgt durch Algorithmen, also eine Art Rezept, das der Computer befolgt, um eine Aufgabe zu erledigen. Aber während wir Menschen aus Erfahrungen und Gefühlen lernen, tut KI dies durch die Analyse von riesigen Mengen an Daten.*
> *Hoffentlich trifft diese Erklärung besser den Punkt!«*

Typisch Lehrerin eben, konnte ich es an dieser Stelle noch nicht gut sein lassen und fragte weiter:

»Okay, viel besser, würdest du nun noch kurz sehr vereinfacht erklären, was ein Algorithmus ist?«

Als geduldiger Gesprächspartner hatte ChatGPT auch hier innerhalb von Sekunden die passende Antwort parat:

»Natürlich! Ein Algorithmus ist wie ein Kochrezept für den Computer. Es gibt ihm Schritt-für-Schritt-Anweisungen, wie er eine bestimmte Aufgabe erledigen soll. Genau wie in einem Rezept, wo steht, was man zuerst tun soll, dann als Nächstes und so weiter, folgt der Computer diesen Anweisungen, um ein Problem zu lösen oder eine Aufgabe zu erledigen.
Ich hoffe, das macht es klarer!«

Wie immer bei der Nutzung von ChatGPT war ich von der Sprachgenauigkeit, der persönlichen Formulierung, die ganz wie eine menschliche Formulierung wirkte, und von der unfassbaren Schnelligkeit, in der dieser Dialog entstanden ist, vollkommen fasziniert. Weil man nahezu das Gefühl hat, mit einem realen Gesprächspartner und nicht mit einem Computerprogramm zu kommunizieren, drängt sich irgendwie der Wunsch auf, sich nach einem solch hilfreichen Gespräch zu bedanken. Gesagt, getan:

»Danke, ich denke, das wird meinen Lesern nun helfen. Soll ich ihnen von dir noch etwas ausrichten?«

Abschließend lässt ChatGPT also noch eine Botschaft ausrichten:

»Das ist eine nette Geste, Silke! Du könntest ihnen vielleicht sagen:
Wenn ihr Fragen oder Unsicherheiten zum Thema KI habt, seid ihr nicht allein. Das Feld entwickelt sich ständig weiter, und es gibt immer Neues zu lernen. Aber es ist wichtig, sich zu informieren und den Dialog zu suchen. Wissen ist der Schlüssel, um die Möglichkeiten und Herausforderungen der KI zu verstehen und sie verantwortungsbewusst zu nutzen.
Viel Erfolg mit deinem Buch! Es klingt nach einem sehr wichtigen Projekt.«

Vielleicht brauchen Sie nun einen Moment, um dem Staunen genügend Raum zu geben. Mir ging es jedenfalls so. An diesem Dialog zeigt sich, wie unglaublich wertvoll und unterstützend künstliche Intelligenz eben auch sein kann.

Mein erneuter Tipp: Rufen Sie die Seite OpenAI.com auf und probieren Sie ChatGPT selbst aus. Genauso ist dies über die Suchseite Bing möglich. Auch hier ist ChatGPT in Form eines Chatbuttons integriert. Die Erfahrung im Umgang mit KI könnte ein wichtiger Schritt zum Abbau von Ängsten und Vorbehalten der KI gegenüber sein. Verlieren Sie dabei aber bitte nie aus den Augen, dass ChatGPT durchaus Fehler machen kann, hin und wieder halluziniert und Ihre Eingaben als Trainingsdaten verwendet. Es braucht also immer einen kritischen, menschlichen Blick auf die computergenerierten Antworten.

Deepfakes & Co.: Tatort soziale Netzwerke

Viele Menschen stehen derzeit vor einem großen Wissensloch, wenn es um das Thema künstliche Intelligenz geht. Und obwohl sich mittelständische Unternehmen, kleine Betriebe, Schulen, Ämter und Einrichtungen ebenso mit den Mechanismen des digitalen Wandels auseinandersetzen müssen wie die großen Konzerne, lässt sich eine gewisse Bequemlichkeit nicht leugnen, wenn es darum geht, diese Wissenslücke zu füllen und zu einer Weiterentwicklung aufzubrechen. »Never change a running system« heißt es doch so schön: Verändere niemals ein laufendes System. Struktur, Tradition und Altbewährtes haben zu einem Sicherheitsdenken geführt, das uns hat träge und unbeweglich werden lassen. Das System Schule ist dafür das beste Beispiel.

Doch unsere Bequemlichkeit und Trägheit, möglicherweise auch eine bestehende Ignoranz dem Thema KI gegenüber sind in meinen Augen höchst fahrlässig, weil wir so den negativen und gefährdenden Seiten, die künstliche Intelligenz eben auch hat, Tür und Tor öffnen. Scheinbar bewegen wir Menschen uns immer erst dann, wenn uns das Wasser sprichwörtlich bis zum Hals steht, und offensichtlich braucht es, um zu handeln, erst eine echte Betroffenheit und ein Bewusstsein dafür, dass wir mit dieser Ignoranz insbesondere auch das Wichtigste in Gefahr bringen, das wir haben: unsere Kinder.

Letztlich ist es nur ein gefühlter Wimpernschlag, bis diese Kinder, die uns nachfolgende Generation, Verantwortung und Mandate für Entscheidungen, die uns alle betreffen, übernehmen müssen – in Sachthemen, in der Politik, in Führungspositionen, aber auch in der Diskussion um ein friedvolles Miteinander, im Kampf um Demokratie und Mitmenschlichkeit.

Trotz dieses Wissens meinen wir noch immer, dass wir weitermachen können wie bisher, und geben dabei viel zu häufig den eigenen Bedürfnissen den Vorrang. Gerade im schulischen Kontext übermannt mich leider zunehmend das Gefühl, dass Diskussionen um die eigene Berufszufriedenheit und die eigenen Bedürfnisse überhandnehmen. Medial liest man fast nur noch von Lehrermangel und Überlastung. Lösungen hingegen zu den großen Fragestellungen unserer Zeit werden kaum besprochen.

In all den Diskussionen vermisse ich aber den Blick auf die Schülerinnen und Schüler. Als Lehrkräfte sind wir angetreten, Kindern das Rüstzeug für die Zukunft mitzugeben. Haben wir das in unserem Berufsalltag aus den Augen verloren? Neigen wir ebenso wie die Kultusbürokratie viel zu sehr zu Egozentrik? KI wird alles verändern, und im Schulsystem besitzen wir immer noch die Arroganz zu sagen, dass jetzt nicht auch noch Zeit sei, sich mit solchen Themen auseinanderzusetzen, dass es doch nicht immer um das Digitale gehen könne, schließlich müsse man sich einfach mal wieder auf den Unterricht konzentrieren können.

Lehrkräfte, die versuchen, digitale Transformation und KI-Grundkenntnisse in die Schulen zu bringen, berichten landauf und landab davon, dass sie ein schweres Standing im eigenen Kollegium haben, weil sie ständig so viel Unruhe verbreiten würden. Dies soll keine Verurteilung meines eigenen Berufsstands sein, sehr wohl aber ein äußerst kritischer Blick auf unsere Haltung. Ebenso kritisch hinterfrage ich die Haltung von Erziehenden. Setzen wir uns – im Sinne einer menschlichen Eigenverantwortung für die Gemeinschaft – nicht schnellstmöglich und intensiv mit künstlicher Intelligenz auseinander, drohen durch deren willkürliche Nutzung immer häufiger Schreckensszenarien Realität zu werden. So beispielsweise durch den Einsatz von Deepfake, einer Technologie, die künstliche Intelligenz nutzt, um realistisch anmutende, aber komplett gefälschte Inhalte zu erstellen.

Stellen Sie sich vor, Sie sehen ein Video von einem berühmten Sänger, der ein Lied singt, das er nie aufgenommen hat, oder von einem Politiker, der eine Rede hält, die er nie gehalten hat. Das Video sieht echt aus, die Bewegungen sind flüssig, und die Stimme klingt genau wie das Original. Aber in Wirklichkeit wurde das Video nicht auf traditionelle Weise aufgenommen, sondern mithilfe von KI generiert.

Beispiele dafür gab es im November 2023, als Videos in diversen Messengerdiensten wie WhatsApp und Signal die Runde machten, in denen es um vermeintliche Aussagen des Wirtschaftsministers Robert Habeck sowie des Gesundheitsministers Karl Lauterbach ging. Hier wurden Themen wie das neue Heizungsenergiegesetz oder auch die Corona-Impfung mit Geschwindigkeitsregulierungen auf deutschen Autobahnen in Verbindung gebracht. Die Videos wirkten dabei täuschend echt und luden aufgrund ihrer Idiotie zum Lachen ein. Bis hierhin mag das vielleicht harmlos klingen. Jedes Mal aber lernt die KI dazu, und die Gefahr wächst, dass solche Videos oder Audiodateien eben nicht mehr als Fälschungen zu erkennen sind, sondern gezielt zur Manipulation von Menschen eingesetzt werden.

Die Technologie dahinter nutzt riesige Mengen an Daten, wie Fotos oder Videos einer bestimmten Person, die im Netz verfügbar sind, um zu »lernen«, wie die Person aussieht, sich bewegt und spricht. Dann kann die KI dieses Wissen nutzen, um neue Videos oder Audioaufnahmen zu erstellen, die echt wirken, aber komplett erfunden sind. Ein Deepfake ist also wie ein sehr überzeugendes digitales Kostüm, das von KI erstellt wurde, um jemanden oder etwas anders aussehen und klingen zu lassen, als es in Wirklichkeit ist.

Deepfakes können beeindruckend, aber auch gefährlich sein, wenn böse, charakterlose oder gar kriminelle Absichten hinter der Erstellung dieser gefakten Bild- oder Tonaufnahmen stecken. Durch diese Technologie wird es zukünftig leider sehr leicht sein, Menschen – und dabei auch Kinder und Jugendliche – in Verlegenheit zu bringen, zu demütigen, ihnen öffentlich und möglicherweise existenziell zu schaden. Auch Desinformationen zu verbreiten, wird zukünftig ein Kinderspiel sein.

Hier sprechen wir eben nicht mehr von der einfachen Zeitungsente zum 1. April, die sich regionale Tageszeitungen über Jahre traditionell als Scherz erlaubten. Hier konnte man immer noch sagen: »Nichts ist so alt wie die Zeitung von gestern.« Durch die Möglichkeit, Bilder, Videos oder Informationen innerhalb von Sekunden im Netz zu teilen, wo sie dann meist für unbegrenzte Zeit abrufbar bleiben und so gut wie nie wieder ganz verschwinden, lassen sich Deepfakes und andere Falschnachrichten im Zweifel nur noch schwer einfangen. Auch wenn es unangenehm ist, das zu hören, so müssen wir uns doch über diese negativen Möglichkeiten der künstlichen Intelligenz sehr bewusst sein, die Menschen schweren Schaden zufügen können.

Explizit möchte ich an dieser Stelle noch einmal darauf hinweisen, dass die Entwicklung der Technologie der künstlichen Intelligenz sicher kaum vorstellbare Vorteile und Chancen mit sich bringen wird und auch im schulischen Kontext ein großes Potenzial bedeuten kann. Wenn wir aber die Gefahren nicht eindämmen oder sie erst gar nicht erkennen, werden wir in der Breite der Gesellschaft eher angstbehaftet und nicht souverän im Umgang mit künstlicher Intelligenz bleiben und auch ihre Potenziale nicht erkennen und nutzen. Genau deswegen ist es so wichtig, dass wir uns unseren Ängsten und den Gefahren der KI bewusst stellen, um sie in den Griff zu bekommen.

Verbindung oder Einsamkeit?

KI und soziale Netzwerke bedeuten einerseits Verbindung zwischen Menschen, andererseits darf man Abhängigkeiten nicht aus den Augen verlieren, die dadurch entstehen und insbesondere für Kinder und Jugendliche gefährdend sein können. Auch wenn es anstrengend ist, müssen wir immer wieder wertebasierte Fragen stellen, um mit KI verantwortlich umgehen zu können. Eine zentrale Frage ist für mich, ob KI zu Einsamkeit führen kann. Diese Frage führt zu einem Labyrinth aus Möglichkeiten und Gefahren, die diese Technologie in sich birgt.

Zunächst sollten wir einen Blick auf die veränderte soziale Interaktion werfen, die KI und digitale Plattformen mit sich bringen.

Es ist eine Welt, in der oberflächliche, digitale Kontakte oft tiefgreifende, menschliche Beziehungen ersetzen. Dieses neue soziale Gefüge birgt das Risiko, dass wir in einem Netz aus Algorithmen und Bildschirmen gefangen sind, isoliert von der Wärme echter, menschlicher Begegnungen und dem Gefühl von Gemeinschaft. Die Abhängigkeit von diesen digitalen Interaktionen, die eine Art virtuelle Realität erschaffen, in der direkte, persönliche Beziehungen an Bedeutung verlieren, lässt die Bildschirme sinnbildlich unsere Fenster zur Welt werden, die uns gleichzeitig von ihr trennen.

Auch ein schwankendes Selbstwertgefühl, das sicher nicht nur bei Kindern und Jugendlichen einen Einfluss auf Stimmung und Gefühle hat, ist häufig die Folge. Die KI-gesteuerten sozialen Netzwerke präsentieren uns ständig ein Bild von Perfektion, das unerreichbar ist und zu Neid und Unzufriedenheit führt, und somit den Nährboden für Einsamkeit und Isolation bildet.

Die Verringerung physischer sozialer Aktivitäten durch den zunehmenden Einsatz von KI und anderen Technologien kann zudem unsere Fähigkeit beeinträchtigen, tiefe menschliche Verbindungen aufzubauen. Sind wir überhaupt noch empathisch? Sehen wir, wie es anderen geht, und fühlen wir Stimmungen in Beziehungen?

Doch inmitten dieser Schatten gibt es auch Lichtblicke. KI kann eine Brücke sein, um Einsamkeit zu überwinden. Sie kann uns helfen, Gleichgesinnte zu finden, Gemeinschaften zu bilden, und kann sogar als digitaler Begleiter für jene dienen, die sich isoliert fühlen.

In dieser Vielschichtigkeit zeigt sich außerdem, dass die Auswirkungen von KI auf das Gefühl der Einsamkeit je nach Altersgruppe und individuellen Umständen variieren können. Ältere Menschen könnten beispielsweise die digitale Kluft als größer empfinden, während die jüngere Generation in einer Welt aufwächst, in der digitale Interaktionen die Norm sind.

Vielleicht lässt sich dies anhand zweier Beispiele noch etwas besser verdeutlichen.

Beginnen wir mit Anna, einem 15-jährigen Mädchen. In ihrer Welt, in der digitale Interaktionen auf Snapchat, TikTok & Co. dominieren, sucht sie nach Anerkennung in den sozialen Medien. Sie wird immer trauriger, weil sie mehr und mehr ihr Selbstwertgefühl verliert. Die KI-gesteuerten Algorithmen der Plattformen, die ihr ständig Inhalte präsentieren, die sie scheinbar interessieren oder in denen sie sich wiederfindet, verstärken ihr Gefühl der Isolation. Sie wird in eine Spirale aus Vergleichen und Selbstzweifel gezogen, die ihre Einsamkeit nur vertiefen.

Ähnlich verhält es sich mit Herrn Müller, einem 75-jährigen Witwer. Er findet sich in einer Welt wieder, in der KI-basierte Kommunikationstechnologien vorherrschen, aber sie bieten ihm keine echte menschliche Verbindung. Die Technologie, die ihm helfen sollte, mit seiner Familie und Freunden in Kontakt zu bleiben, lässt ihn sich nur noch isolierter fühlen. Er erlebt, dass Kommunikation immer technischer wird. Statt eines Anrufs von den Enkelkindern erhält er im Grunde nur noch WhatsApp-Nachrichten von ihnen. Einerseits freut er sich, andererseits sehnt er sich so sehr nach echten Gesprächen, einer Umarmung, einem gemeinsamen Spaziergang. Die digitale Kluft vergrößert sich, und Herr Müller fühlt sich in seiner Einsamkeit gefangen.

Doch bei beiden Beispielen gibt es gleichzeitig auch eine andere Seite der Medaille.

Für Anna könnte KI ein Werkzeug sein, das ihr hilft, Gleichgesinnte zu finden. Eine App, die auf ihre Interessen und Bedürfnisse zugeschnitten ist, könnte sie mit einer Gemeinschaft verbinden, die beispielsweise ihre Leidenschaft für Kunst oder Wissenschaft teilt. Hier findet sie im besten Fall echte Verbindungen und Unterstützung, die weit über die flüchtigen Interaktionen in sozialen Medien hinausgehen. Allerdings lassen sich echte, menschliche Interaktionen natürlich trotzdem nicht gänzlich ersetzen.

Für Herrn Müller könnte KI ein Fenster zur Welt sein. Ein digitaler Assistent, der auf seine Vorlieben und Bedürfnisse abgestimmt ist, könnte ihm helfen, lokale Veranstaltungen oder Interessengruppen zu finden. Er könnte durch KI-basierte Lösungen neue Freundschaften schließen und wieder Teil einer Gemeinschaft werden, die seinen Lebensabend bereichert. Wenn ihm dabei auch noch seine Enkel helfen würden, wäre es hier gelungen, eine Verbindung zwischen Technik und Mensch zu schaffen.

Diese Beispiele zeigen, dass KI in menschlichen Verbindungen sowohl Fluch als auch Segen sein kann. Wir stehen an einem Scheideweg, an dem wir gut überlegen müssen, wie wir diese mächtige Technologie in unser Leben integrieren. Es geht darum, KI so zu gestalten und zu nutzen, dass sie unsere menschlichen Werte widerspiegelt und fördert.

Aus meiner Sicht ist es daher unerlässlich, dass wir uns als Gesellschaft, als Eltern, Pädagoginnen und Verantwortungsträger der potenziellen Gefahren bewusst sind, die KI in Bezug auf soziale Isolation und Einsamkeit mit sich bringt. Gleichzeitig dürfen wir aber auch die enormen Möglichkeiten nicht übersehen, die KI bietet, um soziale Bindungen zu stärken und Einsamkeit zu bekämpfen. Um die KI in Einklang mit unseren Werten zu entwickeln, müssen wir eine Balance finden zwischen technologischer Innovation und der Bewahrung unserer menschlichen Verbindung. Und dies erfordert einen bewussten und verantwortungsvollen Umgang mit der Technologie, denn nur dadurch können wir sicherstellen, dass sie zum Wohl aller eingesetzt wird.

Das Ziel muss sein, eine Gesellschaft zu schaffen, in der KI als Partner und Erweiterung unseres menschlichen Daseins fungiert, nicht als Ersatz. Die KI hat dabei gleichsam eine Doppelnatur: Sie ist sowohl ein Spiegel unserer menschlichen Sehnsüchte als auch ein Fenster zu neuen Möglichkeiten. In diesem Spannungsfeld zwischen Menschen und Technologie liegt die Herausforderung, aber auch die Chance, eine Zukunft zu gestalten, in der KI unsere Menschlichkeit ergänzt und bereichert, anstatt sie zu ersetzen.

KI und soziale Netzwerke – eine schreckliche Allianz

Wenn wir konkret an soziale Netzwerke wie Instagram, Facebook, TikTok & Co. denken, wissen wir mittlerweile, dass in diesen Netzwerken teils lustige, vielfach aber verstörende, gewalttätige, pornografische und radikalisierende Inhalte kursieren, die auch auf die Smartphones der Kinder gelangen.

Bewusst ist uns dabei aber nicht unbedingt, dass KI eine zentrale Rolle in sozialen Netzwerken spielt. Beispielsweise personalisiert künstliche Intelligenz unser Nutzungsverhalten und passt den sogenannten »For you feed« an, zeigt uns also Vorschläge für Accounts und Inhalte an, die uns gemäß unseres Nutzungsverhaltens interessieren könnten. So werden mir beispielsweise durch mein persönliches Nutzungsverhalten sehr schnell Kurzvideos zu Fitness, Kosmetik, Schule, Politik et cetera auf dem Smartphone angezeigt.

Sie kennen das Phänomen sicher auch. Schauen Sie ein Video mit Hunden an, so werden Ihnen in der Folge mit absoluter Sicherheit weitere Videos mit Hunden angeboten. Der Algorithmus springt an, die künstliche Intelligenz arbeitet und bietet uns weitere thematisch ähnliche Videos an, die zu unserem Nutzungsverhalten und unseren scheinbaren Interessen passen.

Kinder haben dagegen ein völlig anderes Nutzungsverhalten als wir Erwachsenen. Sie sind besonders neugierig und oft unbedarft. Werden ihnen beispielsweise Kriegsvideos vorgeschlagen, schauen Kinder sich diese aufgrund ihrer Neugier an. Sie legen damit ein gefährdendes Nutzungsverhalten an den Tag. Die KI sieht nämlich noch nicht, ob ein Kind oder ein Jugendlicher vor dem Smartphone sitzt, und spielt in einem solchen Fall entsprechend viele weitere Kriegsvideos ein. Sie schlägt zudem andere Accounts, also sogenannte »Freunde« vor, die ein ähnliches Nutzungsverhalten wie die Kinder oder

Jugendlichen zeigen oder thematisch passende Videos zur Verfügung stellen.

In bestialischer Weise zeigte sich dieser Mechanismus nach dem fürchterlichen Angriff der Hamas auf Israel am 7. Oktober 2023. Ich erinnere mich daran, wie fassungslos mein Kollege Thomas Hillers, der eine Social-Media-Sprechstunde an unserer Schule anbietet, und ich bei einem Gespräch am Montag direkt nach den Angriffen waren. Wir konnten einfach nicht glauben, in welchem Tempo die Kinder und Jugendlichen, insbesondere bei TikTok, mit grausamsten und brutalsten Videos überflutet wurden, die vermeintlich aus Israel und aus Gaza stammten. Vielfach handelte es sich dabei sicher auch um gefälschte Videos und Fake News. Was für ein Desaster!

Diese Videos wurden schnell zum »Trend«. Künstliche Intelligenz erkennt Trends und virale Themen quasi in Echtzeit und bietet diese Inhalte dann den arglosen Nutzern und damit oft Kindern an. Dabei frage ich mich, ob selbst KI, die die Möglichkeit hätte, schädliche und unangemessene Inhalte herauszufiltern, an dieser Stelle versagen würde.

In den Medien wird von *einigen* solchen Videos gesprochen, die durch die Netzwerke kursieren. Doch das ist aus meiner Sicht verharmlosend und erkennt nicht die Lage, in die wir unsere Kinder und Jugendlichen gebracht haben, weil wir hier wieder einmal nicht genug hingeschaut haben.

Sie müssen möglicherweise davon ausgehen, dass Ihr Kind Videos von Hinrichtungen, Folter, Vergewaltigungen, Terror, öffentlichen Demütigungen gesehen hat, ohne dass Sie von der Existenz dieser menschenverachtenden, brutalen Inhalte wissen. Das schockiert und beängstigt Sie? Das ist aber die Realität – und niemand greift wirklich ein und durch. Wissen Sie, wie sehr versucht wird, Ihre Kinder mit Meinungsmache durch Falschdarstellungen und gefakte Videos zu manipulieren? Und ist es den Entscheidungen treffenden Personen in der Politik nicht bewusst, was in diesen Netzwerken wirklich los ist?

Es ist für mich einfach unbegreiflich, dass unsere zivilisierte Gesellschaft nicht in der Lage ist, diese Bedrohung und diesen Angriff auf die Unversehrtheit unserer Kinder zu stoppen. Gleichzeitig stelle ich mir die Frage, ob jedem Erwachsenen eigentlich wirklich bewusst ist, welche Bedrohung im Netz herrscht. Mindestens betrübt mich der Gedanke an die Ignoranz, die in unserer Gesellschaft vorzuherrschen scheint, wenn es um den Schutz unserer Kinder geht.

Dabei – und das sei in aller Deutlichkeit gesagt – ist es nicht die künstliche Intelligenz, die für diese Inhalte sorgt oder sie erzeugt. Sie verbreitet vielmehr nach den erwähnten Mechanismen Inhalte, die Menschen erzeugt und hochgeladen haben. Ob diese Inhalte der Wahrheit entsprechen oder möglicherweise mittels KI gefakt wurden, lässt sich dann nicht mehr eindeutig sagen. Sicher hören Sie häufig in den Nachrichten Sätze wie »Die Echtheit des Videos konnte nicht verifiziert werden« oder »Scheinbar stammt dieses Video aus …«. Nichts also ist mehr sicher, weil oft nicht ganz genau geprüft werden kann, ob es sich um echtes Bildmaterial handelt. Was passiert nur mit uns? Was haben wir zugelassen? Diese Fragen stelle ich mir häufig und mache mir gerade mit Blick auf die kommenden Generationen große Sorgen. Sehr große Sorgen.

Gleichzeitig möchte ich nicht verschweigen, dass es auch in sozialen Netzwerken hilfreiche Mechanismen geben kann, die beispielsweise dafür sorgen sollen, die Stimmung einer Nutzerin oder eines Nutzers zu verbessern. Hier spricht man vom sogenannten Mood-Algorithmus, der quasi unsere Stimmung erkennen kann. Er verwendet dabei künstliche Intelligenz, um aus vielen Daten, die wir hinterlassen, zu lernen und um Muster zu erkennen, wie sich jemand fühlt. Erkennt der Algorithmus also, dass ich traurig bin, könnte er versuchen, mir fröhliche Inhalte anzuzeigen, um meine Stimmung zu verbessern. Hier kommt es aber darauf an, dass die Algorithmen gut gemacht sind, damit sie auch funktionieren.

Ich habe allerdings nicht das Gefühl, dass bei mir schon einmal ein Mood-Algorithmus gut gearbeitet hat. Mir scheint es eher so, als würde ich, wenn ich traurig bin und durch Instagram & Co. swipe, sehr viele Videos und Sprüche mit traurigen Inhalten angeboten bekommen.

Ebenso wie soziale Netzwerke – auch mittels künstlicher Intelligenz – Gefühle beeinflussen können, können sie sicher auch Suchtverhalten verstärken. Wer soziale Netzwerke nutzt, hat bestimmt schon einmal die Erfahrung gemacht, wie die Zeit beim Wischen verfliegt. Man hängt gleichsam in den Netzwerken fest, ist gefangen in der virtuellen Welt. Wenn wir also über unsere Kinder schimpfen, die viel zu viel rumdaddeln und am Smartphone hängen, müssten wir eigentlich verstehen, dass hier das gleiche Prinzip greift wie bei uns Erwachsenen. Sicher ist es eine komplexe ethische Frage, ob die sozialen Netzwerke explizit auf maximale Abhängigkeit programmiert sind, also darauf abzielen, die Nutzerinnen und Nutzer möglichst lange auf der Plattform zu halten. Ich würde meinen, dass dies so ist. Klar ist aber, dass sich die Netzwerke psychologische Prinzipien zunutze machen, um »das Engagement« der Nutzerinnen und Nutzer zu fördern, sodass sie sich möglichst lang in den Netzwerken aufhalten, vielleicht Inhalte produzieren und sich mit der Plattform beschäftigen.

Wir sollten also nicht mit dem Finger auf unsere Kinder und Jugendlichen zeigen und sie dafür verurteilen, dass sie zu viel Zeit in den sozialen Netzwerken verbringen, sondern ihnen stattdessen lieber in der Familie, in der Jugendarbeit, in der Schule und grundsätzlich in der Gesellschaft viel mehr Angebote machen, bei denen sie sich ohne Smartphone bewegen. Zunächst braucht es aber ein vertieftes Bewusstsein dafür, dass immer mehr bedrohliche Haifische im Haifischbecken der sozialen Netzwerke schwimmen und unsere Kinder in große Gefahr bringen. Künstliche Intelligenz potenziert diese Gefahren in einem nicht vorstellbaren Maß.

Die im Folgenden geschilderten Fälle werden Ihnen vielleicht Angst machen, vielleicht aber auch dafür sorgen, dass Sie erkennen, wie dringend notwendig es ist, dass wir uns alle ein Grundverständnis für KI aufbauen und auch andere dafür sensibilisieren und motivieren.

Die Verbreitung gefälschter Nacktbilder

Im September 2023 kam es zu einem Vorfall an einer spanischen Schule. Mehrere Schülerinnen bekamen gefakte Nacktbilder von sich, das jüngste der Mädchen war gerade mal elf Jahre alt. Viele Medien berichteten von diesem Fall, unter anderem auch die Seite *Euronews:*

> *»Als sie nach den Sommerferien in die Schule zurückkehrten, erhielten mehr als zwanzig Mädchen aus Almendralejo, einer Stadt in Südspanien, Nacktfotos von sich auf ihren Mobiltelefonen. Keine von ihnen hatte die Bilder aufgenommen, aber sie sahen völlig echt aus. Sie waren von ihren Instagram-Konten gestohlen, mithilfe einer Anwendung für künstliche Intelligenz verändert und dann in WhatsApp-Gruppen geteilt worden. Die Teenager waren auf den echten Fotos vollständig bekleidet, aber die App ließ die Nacktheit völlig echt aussehen. Nun fragen sich Eltern und Staatsanwälte, ob ein Verbrechen begangen wurde – könnten die Bilder als Kinderpornografie gelten? (…)*
>
> *Die hyperrealistischen Kreationen künstlicher Intelligenz, besser bekannt als Deepfakes, wurden mit der ClothOff-App er-*

stellt. Mit dem Slogan ›Undress anybody, undress girls for free‹ (Zieh jede aus, zieh kostenlos Mädchen aus) ermöglicht die App den Nutzern, jede Person auszuziehen, die in der Bildergalerie ihres Telefons erscheint. (…) Obwohl die Nacktheit nicht echt ist, sagen die Mütter, dass die Verzweiflung der Mädchen beim Anblick ihres Bildes sehr real ist.«[1]

Zudem bestand die Sorge mancher Eltern, die gefakten Bilder könnten auch auf Internetportale wie OnlyFans oder auf pornografische Websites gelangt sein. (Als Anmerkung dazu: Die Social-Media-Plattform »OnlyFans« wird immer beliebter. Auf ihr können Inhalte im Rahmen kostenpflichtiger Abonnements geteilt werden. Durch mangelnde Jugendschutzoptionen können Kinder und Jugendliche auf »OnlyFans« leicht mit sexualisierten und pornografischen Inhalten in Kontakt kommen.) Zudem mussten die Schülerinnen zum Teil herabwürdigende Kommentare von Mitschülerinnen und Mitschülern über sich ergehen lassen, ein Mädchen wurde sogar mit den Fotos erpresst. Eine von der Polizei eingeleitete Untersuchung ergab, dass möglicherweise mehrere Minderjährige, einige davon Klassenkameraden der Mädchen, an der Sache beteiligt waren.

Schon in Kürze werden sich viele von meinen Berufskolleginnen und -kollegen auch an deutschen Schulen vermehrt mit ebensolchen Fällen beschäftigen müssen. Dabei geht es nicht nur um die schul- und zivilrechtliche Aufarbeitung und eine notwendige Intervention und Sanktionierung der Täter oder Täterinnen, sondern es geht in erster Linie um das Aufarbeiten der psychischen Verletztheit junger Kinderseelen.

Was tun wir unseren Kindern nur an, wenn wir auch an dieser Stelle wieder wegsehen, statt uns mit den dunklen Mächten von KI – anders kann man es in solchen Fällen ja leider kaum ausdrücken – aus allen Blickwinkeln zu beschäftigen. Ich kann nur immer wieder den Finger in dieselbe Wunde legen: Wir dürfen in Bezug auf KI nicht ebenso fahrlässig handeln, wie wir es schon hinsichtlich der Mechanismen sozialer Netzwerke getan haben. Denn erst diese Netzwerke eröffnen die Möglichkeit, Deepfakes zu verbreiten oder durch öffentlich gepostete Fotos und Videos die Vorlage für Demütigungen, Demontage, Verbrechen und kriminelle, abartige Handlungen zu liefern.

Deepfakes in pornografischen Videos

Wenn es um die Gefahren geht, die künstliche Intelligenz mit sich bringt, denke ich in erster Linie an die Kinder und Jugendlichen. Eigentlich wäre es die Aufgabe unserer Gesellschaft, gerade ihr Lebensumfeld sicher zu gestalten. Dass ich dabei die Formulierung »eigentlich« nutze, fühlt sich fast ironisch an. Natürlich würde niemand negieren, dass es wichtig ist, Jungen und Mädchen behütet und beschützt aufwachsen zu lassen. Gleichzeitig handelt unsere Gesellschaft aber in keiner Weise danach, obwohl wir wissen, dass Kinder oft unbedarft, vertrauensselig und wenig risikobewusst sind. Trotz alledem sind in den sozialen Netzwerken keinerlei Schutzräume vorhanden. Stattdessen werden diese zu einem offenen Angebot an Bildern und Videos, die mittels KI zweckentfremdet werden können. Zweckentfremdet in der schlimmsten Art, die man sich vorstellen kann.

Begeben wir uns in folgende, leider nicht mehr fiktive gedankliche Situation:

Stellen Sie sich vor, Sie bemerken, dass sich Ihr Kind verändert. Dass es ruhiger wird, in sich gekehrt ist. Anzeichen, bei denen man sich als Eltern Sorgen machen sollte. Trotz aller Versuche gelingt es Ihnen nicht, aus Ihrem Kind herauszubekommen, was los ist. Erst ein Gespräch mit Freundinnen und

Freunden Ihres Kindes klärt die Sache auf. Ihr Kind ist auf schreckliche Weise Opfer von Cybermobbing geworden: Sein Kopf wurde mittels KI-basierter Technologie auf den Körper einer Pornodarstellerin montiert, wodurch ein pornografisches Video entstanden ist, das Ihr Kind zu zeigen scheint. Dieses täuschend echt wirkende Video ist dann durch zig verschiedene Klassenchats gewandert und in sozialen Netzwerken hochgeladen worden.

Eine fürchterliche Vorstellung? Völlige Schwarzmalerei, die nur Angst machen und für Aufmerksamkeit sorgen soll? Ich denke, wir machen einen schweren Fehler, wenn wir meinen, diese Situationen seien nicht real oder kämen nur höchst selten vor. Durch das ständige Posten und Veröffentlichen von Kinderfotos und Videos, die Kinder in verschiedensten Situationen zeigen, sind die sozialen Netzwerke zu einem Schlaraffenland der Vorlagen geworden, aus denen man sich nur bedienen muss, um Fotos und Videos für die Erstellung von Deepfakes zu bekommen.

Sicher ist es wichtig, dass die Täterinnen und Täter in solchen Fällen strengstens sanktioniert werden. Uns sollte aber vor allem auch interessieren, was eine solche Situation für das betroffene Kind bedeutet. Was bedeutet es für seine Seele? Auch wenn ich mir solche Situationen gar nicht ausmalen mag, so weiß ich doch, dass es nicht lange dauern wird, bis auch ich mich in meiner Rolle als Schulleiterin mit ähnlichen Szenarien werde auseinandersetzen müssen. Und es wird sicher auch nicht mehr lange dauern, bis wir den ersten Fall auf dem Tisch haben, in dem der Kopf einer Lehrerin oder eines Lehrers auf ein Pornovideo montiert wurde. Darüber waren mein Kollegium und ich uns im Rahmen einer Fortbildung zu KI einig.

Vielleicht mag der eine oder die andere meine Beschreibung, welche Szenarien im schlimmsten Fall durch den Einsatz von KI denkbar sind, als mögliche Anleitung für solche Fälle verurteilen. Gerade diese »naive« Betrachtungsweise ist es aber in meinen Augen, die uns nicht hilft und vor allem nicht schützt. Während Sie dieses Buch lesen, sitzen Kinder und Jugendliche sowie zahlreiche Erwachsene am Rechner, um »scherzhaft« Bilder und Videos zu manipulieren, vielleicht, um sich einen schlechten Scherz zu erlauben. Vielleicht, um es jemandem heimzuzahlen, vielleicht, um sich für eine Auseinandersetzung zu rächen. Möglicherweise auch aus purer Langeweile und perverser Freude daran, anderen Schaden zuzufügen. Es ist völlig egal, welcher Antrieb dahintersteckt, wir sollten uns mit den bestehenden Möglichkeiten von KI umgehend auseinandersetzen. Wir sollten dabei vom Worst Case aus denken, um aufzuklären, uns vorzubereiten und um im wahrsten Sinne Abwehrkräfte zu entwickeln, falls wir selbst Opfer von dieser Art des Cybermobbings werden sollten. Gerade deswegen brauchen die Themen KI und digitale Ethik insbesondere in der Schule einen umfassenden Stellenwert. Wir haben die Kinder in den sozialen Netzwerken und in der Begegnung mit Grausamkeit, Brutalität, Folter und Pornografie viel zu lang allein gelassen und laufen nun Gefahr, sie gerade auch beim Thema KI viel zu wenig zu schützen.

»Das hört sich doch an wie die Stimme meines Kindes!«

Bereits zuvor im Buch habe ich erwähnt, dass es mittlerweile sehr leicht möglich ist, Stimmen mittels KI zu klonen, also zu imitieren. Stimmimitation kennen wir natürlich von verschiedenen Comedians, die uns mit ihrer Fähigkeit, die Stimmen prominenter Menschen nachzumachen, zum Lachen bringen. Hier aber sprechen wir von der Möglichkeit, auch unbekannte Stimmen, vielleicht sogar Ihre eigene Stimme, zu klonen. Die KI braucht hierzu nur eine Vorlage, aus der sie lernen kann.

So werden in der letzten Zeit immer häufiger Fälle von Schockanrufen bekannt, bei denen Stimmen von Kindern oder Enkeln der Angerufenen mittels KI höchst realistisch imitiert und die Opfer so getäuscht werden. Meist wird den Leuten vom angeblichen Sohn oder der angeblichen Tochter am Telefon erzählt, ihnen sei etwas zugestoßen und sie bräuchten nun dringend Geld, das die Eltern überweisen oder einem angeblichen »Polizisten« übergeben sollen.

Erst im Juli 2023 berichtet die *Tagesschau* von folgendem Fall:

> *»Es war ein gewöhnlicher Freitag, als Corinna Busch aus Neuss einen Anruf mit unterdrückter Nummer erhielt. Am anderen Ende eine aufgewühlte Stimme: ›Mama, ich bin's. Ich habe einen Unfall gebaut und eine Frau totgefahren. Ich gebe dich mal weiter an den Polizisten.‹ So erzählt es Corinna Busch. Die Stimme habe zweifellos so geklungen wie die ihres Sohnes. Der vorgebliche Polizist habe ihr am Telefon erklärt, dass ihr Sohn in Haft sei und er ihn gegen eine Kaution freilassen würde. Danach habe er aufgelegt. Schockiert habe ihr Mann Wolf Busch ihren Sohn angerufen. Am Ende stellte sich heraus: Das Ganze war ein Fake. Ihr Sohn war nicht bei der Polizei, sondern zu Hause.«*[2]

Im Artikel wird weiter berichtet, dass die Technik des »Stimmenklonens« mittels KI bereits von mehreren Onlinediensten angeboten wird und Kriminelle diese Technik laut Recherchen des SWR-Investigativformats *Vollbild* neben den erwähnten betrügerischen Anrufen unter anderem auch zum Identitätsdiebstahl nutzen.

Nun stellen Sie sich vor, Ihre über 90-jährige Großmutter, die nichts ahnend den Telefonhörer abhebt, erhält einen solchen Schockanruf. Gerade auch die Generation der älteren

Menschen braucht dringend Aufklärung und Hilfestellung im Umgang mit drohenden Gefahren durch KI. Die Frage wird sein, wie und wo wir diese Menschen erreichen, wie Aufklärung aussehen kann, sowohl im privaten als auch im politischen Rahmen. Braucht es möglicherweise aufklärende Rundschreiben durch Behörden, vielleicht mehr aufklärende und nicht angsteinflößende Berichterstattung in Fernsehen, Zeitung und Radio? Sicher muss die Antwort hierauf vielfältig sein.

Was uns aber auf jeden Fall bewusst sein sollte, ist, dass es hier um eine große Eigenverantwortung und Initiative von jedem aus unserer Generation gehen wird. Wir gestalten derzeit diese Gesellschaft und haben daher die Aufgabe, uns ebenso um die ältere wie auch um die jüngere Generation zu kümmern.

KI als »Chatfreund« bei Snapchat & Co.

Der Messengerdienst Snapchat, auf dem unglaublich viele Kinder unterwegs sind, um miteinander zu chatten, Informationen auszutauschen oder Geheimnisse zu teilen, bietet mit »My AI« mittlerweile einen persönlichen Chat an. Auf der Homepage von Snapchat wird dieser persönliche »Chatfreund« wie folgt erklärt:

> *»My AI ist ein Chatbot, der derzeit für Snapchatters verfügbar ist. In einem Chat-Gespräch kann My AI eine brennende Quizfrage beantworten, Ratschläge zum perfekten Geschenk für den Geburtstag deines superbesten Freundes anbieten, bei der Planung einer Wanderung für ein langes Wochenende helfen oder vorschlagen, was zum Abendessen zubereitet werden soll.«*[3]

Natürlich klärt die Seite auch darüber auf, dass es wichtig ist, Antworten des persönlichen KI-Chatfreunds zu prüfen. Wir alle wissen aber doch nur zu genau, wie wenig Beachtung wir oft aufklärenden Hinweisen, sprichwörtlich dem Kleingedruckten im Vertrag, schenken. Möglicherweise ist das ein etwas naiver Vergleich, aber auch auf die Gefahren von Silvesterknallern oder jene von Tabak- und Alkoholkonsum wird immer wieder hingewiesen, dennoch werden durch den Konsum aller drei genannten Dinge jedes Jahr Milliardenumsätze gemacht.

Snapchat gehört zu den beliebtesten Messengerdiensten unter Kindern und Jugendlichen. Entsprechende Accounts lassen sich vollkommen anonym anlegen, weshalb man im Grunde nie weiß, ob man tatsächlich mit einem Jungen im Alter von 14 chattet oder ob in Wahrheit ein älterer Mann der Chatpartner ist.

Gerade Cybergroomern eröffnet dieser Messengerdienst bei unreflektierter Nutzung Tür und Tor für virtuellen, aber auch sehr realen Missbrauch. Cybergrooming ist eine sehr beunruhigende und ernsthafte Bedrohung, die alle Eltern kennen und verstehen sollten.

Stellen Sie sich vor, Ihr Kind bewegt sich in einer digitalen Welt, in der nicht alle Menschen gute Absichten haben. Cybergrooming passiert, wenn Erwachsene das Internet nutzen, um das Vertrauen von Kindern und Jugendlichen zu gewinnen – oft mit dem Ziel, sie zu missbrauchen. Diese Personen geben sich oft als Kinder oder Jugendliche aus, um mit ihren jungen Opfern in Kontakt zu treten. Sie nutzen Chatrooms, soziale Medien, Online-Spieleplattformen oder andere digitale Kanäle, um sich ihren Opfern zu nähern. Sie sind manipulativ, geschickt darin, Vertrauen aufzubauen, und nutzen die Naivität und Unschuld von Kindern aus.

Das Erschreckende an Cybergrooming ist, dass es oft unbemerkt bleibt, bis es zu spät ist. Die Täterinnen und Täter können Ihrem Kind Komplimente machen, Geschenke versprechen oder Interesse an seinem Leben zeigen, um eine emotionale Verbindung aufzubauen. Ihr Ziel könnte sein, Ihr Kind dazu zu bringen, persönliche Informationen, kompromittierende Fotos oder Videos zu teilen, oder es sogar zu einem persönlichen Treffen zu überreden. Was dann passieren könnte, will man sich gar nicht ausmalen.

Für Sie als Eltern ist es wichtig, wachsam zu sein und mit Ihren Kindern über die Gefahren des Internets zu sprechen. Erklären Sie ihnen, dass sie niemals persönliche Informationen, Fotos oder Videos mit jemandem teilen sollten, den sie nur online kennen. Überwachen Sie die Onlineaktivitäten Ihres Kindes und achten Sie auf Anzeichen dafür, ob es möglicherweise jemandem vertraut, den es nur online kennt. Ermutigen Sie Ihr Kind, offen mit Ihnen zu sprechen, wenn es online auf etwas Unangenehmes oder Beunruhigendes stößt.

Cybergrooming ist eine reale Bedrohung, die das Wohlbefinden und die Sicherheit Ihres Kindes gefährden kann. Und diese Bedrohung kann auch über einen persönlichen KI-Chatfreund Eingang ins Kinderzimmer finden.

Verschleierte Identitäten

Vielleicht haben Sie bei Instagram schon einmal Videos mit makellos schönen Menschen gesehen. Sehr schnell erkennt man dann, dass vermutlich ein Filter über das Video oder auch über die Fotos gelegt wurde. Mit Sicherheit kennen Ihre eigenen Kinder, Ihre Nichten und Neffen, Enkelkinder oder auch Schülerinnen und Schüler diese Technologien, die sie Ihnen bestimmt einmal vorführen können. Dabei kann man Personen mit den Filtern nicht nur makellos machen, sondern ihnen auch Comic-Hundeöhrchen aufsetzen oder den Kopf wie bei einer Comicfigur verformen, was zu sehr lustigen Ergebnissen führen kann.

Zur Gefahr können solche Filter werden, wenn sie dazu dienen, wesentliche Merkmale einer Person auf irreführende Weise zu verändern und damit ihre wahre Identität zu verschleiern. Der sogenannte Teenage-Filter bei TikTok führt zum Beispiel dazu, dass ein erwachsener Mensch plötzlich wieder aussieht wie ein Teenager.

Stellen Sie sich nun vor, Ihr Kind würde seit Tagen mit einer Ihnen fremden Person chatten. Möglicherweise sprechen Sie Ihr Kind darauf an, dass es sich bei vermeintlichen Freunden im Netz nicht um echte Freunde handele und man nie sicher sein könne, wer sich wirklich hinter einem Account verberge. Wie so häufig in solchen Gesprächen ernten Sie dann vermutlich ein genervtes »Oh Mann, Mama!« oder »Oh Mann, Papa!«. Als Beweis, dass Ihr Kind sich sicher ist, zu wissen, mit wem es auf der virtuellen Datenbahn unterwegs ist, zeigt es Ihnen ein Video mit einer netten Botschaft von einem Jungen, nennen wir ihn Patrick, von dem Ihr Kind sagt, er sei 15 Jahre alt. Das Video zerstreut Ihre Zweifel, und Sie glauben, sich weiter keine Sorgen machen zu müssen. Dass Patrick in Wahrheit aber ein 53-jähriger Mann ist, der über sein Gesicht den Teenage-Filter gelegt hat, der sogar Falten am Hals glättet, ahnen Sie in diesem Moment nicht. Auch hier zeigt sich wieder die Macht von Deepfake.

Wie Deepfakes die Demokratie gefährden

Möglicherweise erinnern Sie sich an die Schlagzeile, die Mitte 2022 die Runde machte: Berlins damalige regierende Bürgermeisterin Franziska Giffey sei Opfer eines Deepfake-Videotelefonats mit Kiews Bürgermeister Vitali Klitschko geworden. Ebenso sei es den damaligen Bürgermeistern von Madrid und

Wien ergangen. Allen drei kamen die Gespräche mit dem vermeintlichen Klitschko seltsam vor, weshalb die Videotelefonate sehr schnell abgebrochen wurden. Seitens der jeweiligen Behörden sprach man davon, Opfer eines Deepfakes geworden zu sein, man habe also mit jemandem gesprochen, dessen Stimme und Aussehen durch Deepfake-Technologie wie die von Klitschko wirkten.

Schon bald entbrannte in den Medien dann die Diskussion, ob es sich tatsächlich um ein Deepfake handelte. Man diskutierte darüber, dass die Deepfake-Technologie eigentlich noch nicht weit genug für eine Liveschaltung sei. Wieder andere sprachen davon, dass es sich um ein zusammengeschnittenes Video aus einem alten Interview mit Klitschko handeln müsse, weil er augenscheinlich dasselbe Hemd trug wie dort. Für dieses Zusammenschneiden von Videos, das sicher anspruchsvoll gemacht war, bedarf es aber keiner KI, sondern nur einfacher Computerprogramme. Hier spräche man dann von einem sogenannten »Cheap Fake«, also einer billigen Fälschung, bei der Fotos oder Videos mittels einfacher Bildbearbeitungsprogramme abgeändert werden. Deepfake-Videos sind um einiges aufwendiger herzustellen, da beispielsweise Gesichter nicht nur einfach kopiert, sondern mittels Algorithmen neu geformt werden müssen.[4]

Fühlen Sie sich beim Lesen dieser Zeilen auch nach und nach inhaltlich abgehängt? Mir zumindest ging es bei meiner Recherche und dem Lesen diverser Artikel über diesen Vorfall so. Ich fragte mich permanent, ob es wirklich entscheidend ist, welche Technologie nun genau hinter Fakes und Täuschungen steckt. Viel entscheidender ist es doch, dass Technologie in der Lage ist, Menschen zu täuschen und dass es die Deepfake-Technologie ermöglicht, diese Täuschungen immer echter aussehen zu lassen. Denn dadurch wird es immer schwieriger, die Echtheit von Nachrichten, Videos und Fotos zu verifizieren. Vertrauensverlust, bewusste Irreführung und das Verbreiten von Panik können die Folge sein.

Gleichzeitig aber wiegt ein anderes Problem schwer. Fotos, Videos und Tonaufnahmen bedeuteten in unserer Sozialisationsgeschichte doch auch immer das Abbilden von realen Momenten, das Festhalten von Momenten der Geschichte, sei es im privaten Rahmen oder im Blick auf die Geschichte unserer Welt. Wir erinnern uns durch Fotos an Kindergeburtstage, an die eigene Klassenfahrt, die Feier im Partykeller. Videos, gedreht mit der V8-Videokamera oder später mit der Digitalkamera und dann dem Smartphone, hielten Erinnerungen in Bewegtbildern fest. Noch bis vor Kurzem hätte niemand an der Echtheit dieser Aufnahmen gezweifelt. Es waren schlicht meist schöne und fröhliche Erinnerungen.

Ebenso waren Fotos und Videos Zeitzeugen der Weltgeschichte. Aus dem eigenen Schulunterricht erinnert sich sicher jeder von uns an Aufnahmen aus dem Ersten Weltkrieg, an Fotos, die sich aus dieser Zeit eingebrannt haben. Wir erinnern uns an das Foto von Albert Einstein, der den versammelten Fotografen die Zunge herausstreckt, oder an die Aufnahme der elf Bauarbeiter aus New York, die nebeneinander auf dem Stahlträger eines Wolkenkratzers sitzen und Mittagspause machen. Dieses Foto gehört dabei zu einem der am häufigsten reproduzierten Bilder in der Geschichte des Mediums.

Natürlich kam es auch immer wieder zu Verschwörungstheorien und Mythen. So hält sich hartnäckig die Theorie, die ersten Bilder der Mondlandung aus dem Jahr 1969 seien möglicherweise in einem amerikanischen Filmstudio gedreht worden. Hier geht es allerdings um die Kulisse, in der Bilder beziehungsweise Videoaufnahmen entstanden sind, und nicht um die Aufnahmen an sich. Dass es mittlerweile möglich ist, Fotos und Videos von Situationen zu erzeugen, die es real nie gegeben hat, ist aus diesem Sozialisationsgedanken heraus immer noch unsagbar schwer nachzuvollziehen.

Verstörendes »True Crime«

Erst im Sommer 2023 machte bei TikTok ein Trend die Runde, der einen erschaudern lässt. In einem TikTok-Video auf einem sogenannten True-Crime-Account, also einem Account, bei dem es um wahre Verbrechen geht, schaut ein Junge in die Kamera und erzählt mit heller Stimme davon, wie sein Vater ihn in eine laufende Waschmaschine gesteckt hat und er unter furchtbaren Schmerzen starb. Sehr ausführlich erläutert der Junge die Umstände seines Todes und seine Familiengeschichte. Obwohl das ganze Video mittels künstlicher Intelligenz entstanden ist, sieht der Junge so echt aus, dass man meinen könnte, er sei tatsächlich das Opfer dieses realen Mordfalls. Videos wie dieses, in denen Fotos von späteren Mordopfern, meist Kindern, durch künstliche Intelligenz manipuliert wurden, werden gerade zuhauf auf TikTok und mittlerweile auch Instagram verbreitet.

Was für eine grausame Vorstellung ist es doch, dass Angehörige der Opfer durch deren vorgespielte »Wiederauferstehung« im Netz erneut mit den furchtbaren Geschichten konfrontiert werden. Und auch für die Kinder und Jugendlichen, die solche gefakten Videos sehen, kann dies eine große seelische Belastung sein.

Bildung ist der Schlüssel

Wenn wir zukünftig nicht mehr an die Echtheit von Aufnahmen glauben können, so ergibt sich im Umkehrschluss ein Gedanke, der mich als Digitalbotschafterin sehr beschäftigt und mir auch mit Blick auf die Schulentwicklung Sorgenfalten auf die Stirn treibt. Was passiert, wenn wir durch den Gedanken, dass alles ein Deepfake sein kann, auch den Glauben an die Realität verlieren? Wie sollen wir damit umgehen, wenn Verwirrung, Desinformation und Vertrauensverlust die Oberhand gewinnen – und vor allem: Wie sollen wir unsere Kinder auf eine solche Zukunft vorbereiten?

In diesem Zusammenhang möchte ich einen hoch spannenden Artikel aus dem Magazin *Der Spiegel* vom August 2023 nicht unerwähnt lassen. Darin diskutieren der US-amerikanische Soziologe Amitai Etzioni und sein Sohn Oren Etzioni, ein Informatiker und KI-Forscher, über die wachsenden Gefahren und Möglichkeiten künstlicher Intelligenz.[5] Während beide die Potenziale der KI anerkennen, unterstreichen sie zugleich die Notwendigkeit menschlicher Kontrolle und ethischer Leitlinien.

Amitai Etzioni sieht KI dabei nicht als eigenständige Bedrohung, sondern warnt vor den Menschen, die sie einsetzen. Er betont, dass Technologie an sich neutral sei, aber schaden könne, wenn sie in falsche Hände gerate. Oren Etzioni teilt die Bedenken seines Vaters und verweist auf die rasante Entwicklung der KI-Technologie. Er stellt die Frage, ob wir bereit sind, uns mit deren ethischen und praktischen Herausforderungen auseinanderzusetzen.

Die Diskussion beleuchtet auch die Politik und wie KI in der politischen Landschaft eingesetzt werden könnte. Oren Etzioni weist darauf hin, dass KI-Werkzeuge wie ChatGPT-4 manipuliert werden könnten, um politische Botschaften zu verbreiten, was eine reale Gefahr darstellt. Dabei betont er eben genau das, worauf auch ich immer wieder hinweise: Letztlich sind es die Menschen, die entscheiden, wie Werkzeuge wie KI (oder soziale Netzwerke) eingesetzt werden.

Bildung – und das möchte ich an dieser Stelle besonders hervorheben – wird dabei als Schlüsselinstrument zur Bekämpfung der möglichen negativen Auswirkungen von KI gesehen.

Oren Etzioni wird gefragt, wie man der Flut von Fakes Herr werden kann. Er spricht davon, dass es kein Allzweckmittel geben wird, dass Regulierungen nur ein Teil der Lösung sein werden und dass es in der Folge andere Mittel brauchen wird. Auf die Nachfrage hin, welche Mittel das seien, antwortet er mit einem Begriff: Bildung. Aus Etzionis Sicht müssen wir lernen, mit der Technologie umzugehen.

Vater und Sohn sind sich einig, dass die Menschen aufgeklärt und mit den richtigen Werkzeugen ausgestattet werden müssen, um KI-generierte Inhalte kritisch zu hinterfragen. Zum Abschluss betonen sie die Verantwortung von Technologieunternehmen und fordern eine strengere Regulierung, um sicherzustellen, dass KI zum Wohl der Menschheit und nicht zu ihrem Schaden eingesetzt wird.

Im Kontext unseres sich schnell verändernden digitalen Zeitalters zeigt dieses Interview deutlich, dass wir nicht nur vor den Herausforderungen der Technologie stehen, sondern auch vor den ethischen Fragen, die sie aufwirft. Das Interview ist ein eindringlicher Appell, nicht blindlings Technologie zu vertrauen, sondern stets ihre Anwendung und die dahinterstehenden Motive kritisch zu hinterfragen.

Wenn Bildung also der Schlüssel ist, braucht es dringend ein Bewusstsein, dass wir in den Schulen eine große Verantwortung tragen, uns der Thematik KI aus technologischer, aber eben gerade auch aus ethischer Sicht anzunehmen. Möglicherweise war die Verantwortung für ein Thema im Bildungsbereich nie größer als diese.

Hass, Hetze und Manipulation

Auch wenn ich versuche, Sie nicht mit technischen Informationen und zu vielen wissenschaftlichen Details zu langweilen, so ist es dennoch wichtig zu verstehen, dass insbesondere bei sozialen Netzwerken wie TikTok & Co. durch mit KI gefälschten Bildern, Videoaufnahmen und Tonspuren Hass und Hetze verbreitet werden können.

Unsere oft arglosen und charakterlich noch nicht gefestigten Kinder und Jugendlichen werden zudem durch Parolen von Influencerinnen und Influencern, die eine eher nicht friedfertige und wenig tolerante Haltung vertreten, oft unmerklich manipuliert und beeinflusst. Politische Bildung findet häufig in den Netzwerken statt, ohne dass wir überhaupt den Hauch einer Ahnung davon haben. So diskutieren im November 2023 in den sozialen Netzwerken Clanmitglieder mit Kindern, Salafisten verbreiten Hass und Hetze gegen unterschiedliche Religionen, unsere Kinder mittendrin, oft als Zuschauer in Livestreams. Was hat nun künstliche Intelligenz mit diesen Inhalten zu tun, die bewusst von Menschen erzeugt werden, die ihre Reichweite dazu nutzen, Frieden und Demokratie zu schaden sowie Menschen zu demütigen und zu degradieren?

An dieser Stelle lohnt es sich, den Mechanismus von KI zu verstehen. Vereinfacht könnte man sich vorstellen, dass künstliche Intelligenz ein automatischer Filter ist, der entscheidet, welche Beiträge auf sozialen Netzwerken gezeigt werden. Moralisch gesehen kann dieser Filter aus Versehen die falschen

Sachen auswählen. Wenn er etwa mit Hass und Hetze gefüttert wird, beginnt der Filter, diese Art von Inhalten zu erlernen und weiterzuverbreiten. Sieht der Filter, dass Beiträge viele Reaktionen bekommen, selbst wenn sie rassistisch oder verachtend sind, so zeigt er diese vermehrt, weil er nun davon ausgeht, dass die Nutzer genau diese Beiträge sehen wollen. Zudem kann der Filter »KI« dazu führen, dass man immer wieder dieselben Meinungen sieht und nie die Ansichten anderer hört, wodurch man stärker an der eigenen, vielleicht schon manipulierten Meinung festhält. Hier spricht man von sogenannten Filterblasen, in denen die Nutzer festhängen.

Zudem existieren automatische Programme, die wie echte Nutzer wirken und aussehen, hinter denen aber eben ein Programm und kein Mensch steht. Hier spricht man von sogenannten Bots. Diese Bots können so programmiert und gefüttert werden, dass sie ganz gezielt hasserfüllte Botschaften und Hassreden erstellen, die wie die Botschaften und Nachrichten echter Menschen wirken.

Natürlich werden ebensolche Filter auch eingesetzt, um problematische Inhalte herauszufiltern und direkt von den Plattformen zu löschen. Es stellt sich ohnehin die Frage, warum gewaltverherrlichende, menschenverachtende, pornografische und brutale Inhalte nicht direkt bei TikTok & Co. herausgefiltert und gelöscht werden.

Dass diese Filter bei TikTok oder anderen sozialen Netzwerken manchmal nur unzureichend funktionieren, hat dabei ganz verschiedene Gründe.

Sprache zum Beispiel ist wahnsinnig komplex. Ironie, Slang oder doppeldeutige Ausdrücke zu erkennen ist für KI-Systeme derzeit noch schwierig. Zudem haben sie oft Probleme, den Kontext eines Beitrags zu verstehen. Ohne Kontext kann KI nicht immer beurteilen, ob etwas böse gemeint ist oder nicht.

Ein weiteres Problem ist die Schnelligkeit des Netzes. Nutzerinnen und Nutzer finden ständig neue Wege, um Filter zu umgehen, etwa durch die Verwendung von Codes oder neuen Begriffen, die die KI noch nicht kennt. Die Menge an Inhalten, die täglich auf TikTok und anderen Netzwerken hochgeladen werden, ist außerdem enorm. Es ist eine große Herausforderung für jede Art von Filter, damit Schritt zu halten.

KI kann wohl noch nicht wie ein Mensch denken und fühlen. Manchmal braucht es aber doch unbedingt menschliches Urteilsvermögen, um zu entscheiden, ob ein Inhalt schädlich ist.

Möglicherweise ist es eine böse Unterstellung, aber ich könnte mir auch vorstellen, dass Plattformen nicht ausreichend in fortschrittliche Filtertechnologien investieren, weil dies teuer ist und nicht direkt mehr Profit bringt.

Aus den genannten Gründen ist es sicher noch eine ständige Herausforderung für TikTok und andere Plattformen, ihre Filter zu verbessern und problematische Inhalte effektiv zu erkennen und zu löschen. Es bleibt zu hoffen, dass sich KI in diesem Punkt schnell weiterentwickelt und vielleicht eben doch lernt, wie ein guter Mensch zu denken, um hier besser, nachhaltiger und schneller zu filtern – zum Schutz unserer Kinder.

Gleichzeitig braucht es aber genau jetzt Aufklärung, Hilfe und Schutz. Denn am Ende werden die meisten Inhalte, auch bösartige und hasserfüllte, immer noch von Menschen erstellt und hochgeladen. Und auch wenn es so viele positive, hilfreiche und lehrreiche Accounts und Inhalte in den sozialen Netzwerken gibt, so werden diese tollen Seiten und die daraus resultierenden Möglichkeiten durch all die fürchterlichen Posts und Inhalte überschattet, die Menschen demütigen und schlicht Hass und Hetze verbreiten. Sind wir Erwachsenen dann nicht da und lassen die Kinder damit allein, so hat das fatale Folgen. Es bleibt uns also keine andere Option, als uns möglichst schnell mit den Mechanismen von KI vertraut zu machen, wollen wir unsere Kinder vor Hass, Hetze und Manipulation im Netz schützen.

Helden im Netz, die unsere Kinder schützen: HateAid und die Elevator Boys

Während viele von uns also immer noch im Trüben fischen und die Abgründe der sozialen Netzwerke nicht sehen, die durch KI noch verstärkt werden können, gibt es auf der anderen Seite Initiativen und tolle, vorbildhafte Menschen, die sich gegen Hass und Hetze im Netz einsetzen und sich mit Nachdruck engagieren.

Die Initiative HateAid, eine gemeinnützige Organisation, die sich für Menschenrechte im digitalen Raum einsetzt und sich auf gesellschaftlicher wie politischer Ebene gegen digitale Gewalt und ihre Folgen einsetzt, kann dabei nicht genügend wertgeschätzt und unterstützt werden. Um zu verstehen, wie wichtig die Arbeit von HateAid ist, reicht ein kurzer Blick auf ihre Vision aus. Auf der Internetseite ist dazu Folgendes zu lesen:

> *»HateAid wurde in der Überzeugung gegründet, dass jeder Mensch das Recht hat, sich im Internet frei zu entfalten. Hass, Gewalt und systematische Desinformation setzen unsere Meinungsfreiheit im digitalen Raum unter Druck. Wir sind überzeugt, dass Respekt und Toleranz entscheidend sind für eine Demokratie, die gerade heute dafür Unterstützung braucht.*
> *Unser Weg: Digitale Gewalt betrifft uns alle. Eine Gesellschaft kann nur so frei sein wie ihre kleinsten Teile. Und wenn Einzelne sich nicht mehr trauen, ihre Meinung ohne Einschrän-*

kungen zu äußern, ist unsere Demokratie beschädigt. Viele Menschen schweigen mittlerweile aus Angst vor Hass. Besonders die, die auch in anderen Bereichen des Alltags Diskriminierung erleben. Und umso mehr, sobald sie im Netz Position beziehen. Während die, die am lautesten schreien und beleidigen, am meisten Aufmerksamkeit bekommen.
Hier setzt HateAid an: Alle Betroffenen, die selbst keine digitale Gewalt verbreiten, können sich an HateAid wenden.«[6]

Neben der kostenlosen und unverbindlichen Betroffenenberatung klärt HateAid zudem Politik, Justiz und Wirtschaft über Hass im Netz auf und erarbeitet konkrete Lösungen, um die demokratischen Grundwerte im digitalen Raum zu stärken. HateAid stellt sich dabei gegen alle, die Menschenrechte verletzen und unsere Demokratie gefährden. Weiterhin engagiert sich die Initiative mittels Kampagnen, Petitionen und Aktionen gegen Gewalt im Netz und arbeitet dafür mit Medien und der Netzöffentlichkeit zusammen, um auch andere zu ermutigen, sich gegen Hass im Netz einzusetzen und rechtswidrige Inhalte zu melden.

Über den folgenden QR-Code kommen Sie auf die Homepage von HateAid, auf der Sie noch viele weitere Details zu deren spannender und wichtiger Arbeit finden.

Genau an dieser Stelle setzt mein Gedanke an, dass der Begriff »Influencer« auch im positiven Sinn eine unfassbar wichtige Bedeutung haben kann, wenn es darum geht, unsere Kinder im Netz zu begleiten, zu prägen, aber auch zu schützen. Während wir Erwachsenen oft außerhalb der Netzwelt über die

Kinder reden und oftmals keine Ahnung haben, welchem bedrohlichen Sturm die Kinder bei TikTok, Telegram & Co. tatsächlich ausgesetzt sind, sprechen Influencer und Netzpersönlichkeiten mit ihnen, sind Vorbild, begleiten und prägen sie. Und ja, dadurch haben diese Menschen in sozialen Netzwerken die positive Macht, die Kinder dort zu schützen, wo wir sie allein lassen.

Eine Gruppe von fünf Jungunternehmern, die im Frühjahr 2021 als Content Creator in den sozialen Netzwerken gestartet sind und mittlerweile eine millionenfache Reichweite besitzen, die sich zudem unglaublich engagiert für die Initiative HateAid starkmachen und sich in eigenen Kampagnen für digitale Zivilcourage und damit einen friedvollen Umgang im Netz einsetzen, sind die Elevator Boys. Falls Sie sich mit den fünf jungen Männern aus Deutschland, die 2021 mit Fahrstuhlszenen und dem Video »POV: You enter the elevator« auf TikTok mit weltweit mehr als 50 Millionen Aufrufen bekannt wurden, noch nicht beschäftigt haben, so wird es nun dringend Zeit. Diese jungen Männer sind Vorbilder, wie man Spaß und Unterhaltung leben und gleichzeitig durch ein unglaublich gutes Engagement Positives bewirken kann, um die Welt im Netz zu einem besseren Ort zu machen.

Mit Tim Schäcker und Luis Freitag, zwei Mitgliedern der Elevator Boys, habe ich mich über ihre Haltung, ihre Arbeit und die Botschaft, die sie als Gruppe gerade jungen Menschen mitgeben wollen, unterhalten. Selten hat mich ein Gespräch so beeindruckt, und ich bin überzeugt, dass die Botschaft von Tim und Luis genau das ist, was alle Kinder und Jugendlichen jetzt hören sollten, um ihr Tun und Handeln im Netz fortan zu überdenken.

Schauen Sie sich dieses Video also unbedingt gemeinsam im Familienkreis an.

Luis Freitag erzählt, dass sich ihre Arbeit als Content Creator täglich unterscheidet und sehr vielfältig ist. Sie reicht von der Content-Produktion für die eigenen Kanäle und Kundinnen und Kunden bis hin zu zahlreichen Reisen und Bürotagen. Die Firma, die sie gegründet haben und die sie repräsentiert, übernimmt ihr Management. Viele stellen sich unter dem Begriff »Influencer« keine Büroarbeit und Meetings vor, doch ihr Alltag sieht mittlerweile oft so aus.

Tim Schäcker ergänzt, dass das Handy selbstverständlich ein ständiger Begleiter in ihrem Alltag ist und eine permanente Onlinepräsenz ermöglicht. Sie nehmen ihre Follower in ihren Alltag mit, produzieren täglich Videos für verschiedene Kanäle. In zweieinhalb Jahren haben sie bisher nur einmal eine siebentägige Pause eingelegt. Diese Auszeit wurde positiv aufgenommen, da viele verstanden haben, dass auch sie auf ihre mentale Gesundheit achten müssen.

Auch in der Schule versuchen wir, die Themen mentale Gesundheit und psychische Hygiene zu vermitteln. Und das nicht nur, weil Kinder sich in ihrer Freizeit immer länger online aufhalten, immer mehr Kinder geben Influencer als Berufswunsch an. Ich denke, wir müssen das sehr ernst nehmen – als Lehrkräfte und als Erwachsene. Es gibt Berufe, von denen wir früher nie gehört haben, wie Content-Producer oder Social-Media-Manager. Auf diese müssen wir uns einstellen und die Kinder darauf vorbereiten. Die Kinder stellen sich eine glamouröse Welt vor, doch Unternehmertum kann auch ein hartes Geschäft sein. Es erfordert harte Arbeit. Und es gibt eben auch die Schattenseiten, wie Hass im Netz.

Tim sagt, dass sie das Glück haben, durch ihre Community nicht mehr so viel Hass zu erfahren. Aber bei anderen, insbesondere weiblichen Kolleginnen, sei das anders. Sie würden teilweise massiv angegriffen werden.

Luis ergänzt, dass es im Netz viel digitale und sexualisierte Gewalt gibt. Deshalb arbeiten wir seit Anfang 2022 mit HateAid zusammen. Diese gemeinnützige Organisation bietet Hilfe an, wenn jemand Hass erfährt, sei es in der Schule oder anderswo. Sie unterstützen auch bei der Anzeige solcher Vorfälle und bieten psychologische Hilfe an. Ein wichtiger Aspekt ist auch die digitale Zivilcourage. Im Netz sei dieses Denken noch nicht verankert, dabei sei es so wichtig, dass man sich auch online gegenseitig unterstützt und nicht wegschaut.

Genau diese Botschaft möchte ich unter anderem mit diesem Buch vermitteln: Es helfen nicht nur Richtlinien und Gesetze, wir müssen auch füreinander einstehen. Ich frage die Jungunternehmer, ob ihnen die Themen künstliche Intelligenz, Fake News und Deepfakes auch Sorgen bereiten.

Tim Schäcker, Gründer Elevator Boys
Deepfakes sind eine Form der Desinformation und können sehr gefährlich sein, vor allem, wenn sie sexualisiert sind.

HateAid setzt sich auch dafür ein, dass politische Maßnahmen ergriffen werden, um Täter zu verfolgen und zur Rechenschaft zu ziehen. Sie hatten kürzlich einen ausführlichen Workshop mit HateAid, um ihre Erfahrungen zu teilen und von aktuellen Fällen zu lernen.

Luis Freitag, Gründer Elevator Boys
Viele Influencer, insbesondere Frauen, leiden unter den Auswirkungen von Deepfakes und digitaler Gewalt. Es ist wichtig, politische Maßnahmen zu ergreifen, um solche Taten zu

ahnden und den Betroffenen zu helfen. Was ich jungen Menschen im Umgang mit dem Netz und den neuen Technologien ans Herz legen würde, ist, die eigene Onlinepräsenz zu hinterfragen. Es ist wichtig, sich bewusst zu machen, welchen Seiten man folgt und welche Inhalte man konsumiert. Ebenso sollte man überlegen, wie viel vom eigenen Leben man preisgeben möchte. Datenschutz und Privatsphäre sind von entscheidender Bedeutung.

Tim Schäcker
Zusätzlich sollte man sich fragen, ob das eigene Verhalten anderen schadet oder ob man Accounts folgt, die regelmäßig Hass verbreiten. Digitale Zivilcourage ist dabei ein wichtiger Aspekt: sich online für andere einzusetzen, wie man es im realen Leben auch tun würde.

Kriminalität in sozialen Netzwerken: Cyberkriminologe Prof. Dr. Thomas-Gabriel Rüdiger klärt auf

Manipulation, gefälschte Nachrichten, Videos und Fotos, die Erstellung kinderpornografischer Bilder durch künstliche Intelligenz, Enkelbetrügertricks, bei denen Geld am Telefon erpresst wird durch Stimmen, die mittels künstlicher Intelligenz klingen wie die der eigenen Enkelkinder, denen man in einer vermeintlichen Notlage helfen möchte – den negativen Möglichkeiten von KI scheinen keine Grenzen gesetzt zu sein.

Bereits in meinem letzten Buch habe ich ein Interview mit dem renommierten Cyberkriminologen Prof. Dr. Thomas-Gabriel Rüdiger führen dürfen. Nun hat sich Professor Rüdiger bereit erklärt, sich für dieses Buch mit mir über künstliche

Intelligenz, deren Auswirkungen auf die sozialen Netzwerke und seine Gedanken zur Polizeiarbeit der Zukunft zu unterhalten. Was uns aufrütteln sollte: Während im analogen Raum nie jemand daran zweifeln würde, dass die Sicherheitsbehörden für den Schutz der Kinder oder auch der Erwachsenen vor der Konfrontation mit Extremisten oder Sexualtätern zuständig sind, werde das – laut Professor Rüdiger – im Netz eher stiefmütterlich behandelt. Die Auswirkungen der KI werden seiner Einschätzung nach auch im Kriminalitätsbereich massiv sein.

Es ist eines der spannendsten Interviews, die ich je führen durfte. Das Gespräch in ganzer Länge können Sie über den folgenden QR-Code abrufen.

Im Rahmen meines ersten Buches haben wir bereits über die Entwicklung in sozialen Netzwerken und den Anstieg von kriminellen Delikten im Netz gesprochen. In der Postbank-Digitalstudie aus dem Sommer 2023 heißt es, dass 16-Jährige 64 Stunden pro Woche online sind – was einen stark besorgen muss.

Vor einem Jahr sagte Thomas-Gabriel Rüdiger:

»Wir müssen uns darüber klar werden, dass bereits Generationen mit einem Gefühl der Rechtsfreiheit im digitalen Raum zumindest teilsozialisiert wurden. Je mehr Zeit die Menschen online verbringen, umso mehr wird sich Kriminalität aus dem Analogen ins Digitale verlagern. Entsprechend haben Homeoffice, Quarantäne & Co. allen Anzeichen nach wie eine Art Katalysator für digitale Delikte gewirkt.«

Gerne wollte ich nun von Professor Rüdiger wissen, ob er den Eindruck hat, dass sich etwas verbessert hat, oder ob es noch schlimmer geworden ist.

Prof. Dr. Rüdiger, Leiter des Instituts für Cyberkriminologie an der Hochschule der Polizei des Landes Brandenburg
Ich würde die Onlinezeiten per se nicht allzu kritisch beziehungsweise als Maßstab für Risiken sehen. Denn diese sagen ja nicht direkt etwas darüber aus, was die Minderjährigen in dieser Zeit erleben oder tun. Es kommt also vielmehr auf die sinnvolle Nutzung und reflektierte Einordnung an. Ich sage explizit: »Nutzt die digitalen Medien und werdet Teil des digitalen Raums, aber verantwortungsvoll und in einem geschützten Rahmen.«
Ob sich das Verhalten – und in meinem Themenfeld die Konfrontation mit digitalen Delikten – in diesem einen Jahr groß geändert hat, kann man noch gar nicht seriös beantworten. Als Grundlage beziehe ich mich immer auf die Kriminalstatistiken oder sogenannte Dunkelfeldstudien. Diese Studien benötigen aber länger als ein Jahr, um Entwicklungen widerzuspiegeln. Was man aber aus meiner Sicht generell sagen kann: Man muss sich darüber klar werden, dass der digitale Raum ein globaler Kommunikationsraum ist. Kriminalität oder Risiken entstehen aber häufig aus der Interaktion und Kommunikation zwischen Menschen. Da der digitale Raum vor allem auch geprägt ist von sozialen Medien, Chats, Online-Games und so weiter, bedeutet das, dass hier kommuniziert und interagiert werden kann. Und aus dieser Kommunikation und Interaktion können nun einmal Risiken und auch Kriminalität entstehen. So wie auch im Straßenverkehr Risiken entstehen, wenn Menschen aufeinandertreffen.

Hier haben wir jedoch strukturierte Schutzmaßnahmen als Gesellschaft geschaffen, um diese Risiken für alle Menschen im öffentlichen Raum zu minimieren. Das heißt nicht, dass man die Risiken auf null gesenkt hat, aber auf ein niedriges Level. Solche vergleichbar effektiven Schutzmaßnahmen sehe ich aber gegenwärtig nicht im digitalen Raum. Vor allem auch im Verhältnis dazu, welchen Risiken die Nutzer und Nutzerinnen in allen Altersstufen ausgesetzt sind. Diese Grundüberlegung durchzieht auch meine gesamte bisherige Arbeit. Teilweise werde ich ja als Experte für digitale Sexualdelikte angesehen. Dies liegt sicherlich auch daran, dass ich meine Dissertation zu Cybergrooming verfasst habe, also der onlinebasierten Einwirkung auf ein Kind mit dem Ziel des sexuellen Kindesmissbrauchs. Als ich mit meiner Forschungsarbeit angefangen habe, hat man im Prinzip über eine Altersgruppe von etwa 12- bis 13-jährigen Opfern gesprochen. Das liegt auch daran, dass bis heute der strafrechtliche Schutz bei Cybergrooming bei 14 aufhört. Das bedeutet, wenn man rechtlich über dieses Phänomen redet, kann man eigentlich nur von Kindern mit 14 Jahren als Betroffene sprechen. Das ist dahin gehend problematisch, dass die Dunkelfeld-Studien gerade auf eine hohe Konfrontationsrate von älteren Jugendlichen mit diesem Phänomen hinweisen.

Aktuelle Studienlagen wie die der Landesanstalt für Medien NRW zeigen uns aber, dass wir mittlerweile zunehmend über acht- bis neunjährige Betroffene sprechen. Das kann aus meiner Sicht fast nur einen nachvollziehbaren Grund haben: Die Smartphone-Entwicklung, und dass Kinder immer früher in diesen digitalen Raum gelassen werden, was ich nicht per se kritisiere. Ich kritisiere in diesem Zusammenhang vielmehr die mangelnden Schutzmaßnahmen der Gesellschaft, um die Kinder in diesem Raum vor solchen Straftaten zu schützen.

Prof. Dr. Rüdiger fordert Medienerziehung eigentlich schon ab der ersten Klasse. Aus meiner Sicht müsste man möglicherweise sogar noch früher ansetzen. Was mir große Sorgen macht, ist der Bereich der Medienethik, der immer noch kaum Beachtung findet. Wenn ich auf das Thema KI schaue und die negativen Einflüsse wie Deepfake et cetera, ist das tatsächlich in der Schule kein großes Thema. Vielmehr geht es um ChatGPT und um neue Prüfungsformate. Das ist schon auch wichtig, aber ich glaube, dass wir hier den Fokus verlieren und dass der Einsatz von KI im digitalen Raum und gerade auch in sozialen Netzwerken möglicherweise zu weiteren Gefährdungen führen kann. Ich wollte von Professor Rüdiger wissen, ob er diesen Blick teilt oder ihn übertrieben findet.

Prof. Dr. Rüdiger

Beim Thema Medienbildung, Medienkompetenzvermittlung und Medienethik habe ich den Blick eher auf Sicherheitsbehörden gerichtet. Ich glaube, was viele Sicherheitsbehörden erst noch hinreichend verinnerlichen sollten oder wo es noch Ausbaufähigkeiten gibt, ist, dass diese Vermittlung von Medienbildung und Medienkompetenz, also das Umgehen mit diesen Risiken, das sichere Bewegen im digitalen Raum, eine Form der digitalen Kriminalprävention ist. Die Aufgabenhoheit liegt dabei bei Sicherheitsbehörden und vor allem auch bei der Polizei. Prävention ist also nicht nur die Aufgabe von Schule, es ist aus meiner Sicht auch Aufgabe der Sicherheitsbehörden, hier zu unterstützen.

Vielen ist das sicherlich nicht bekannt, aber es handelt sich hierbei um die sogenannten originären Aufgaben der Polizei: die Verhütung von Straftaten. Und die Verhütung von Straftaten ist letztlich Kriminalprävention. Dass wir versuchen zu verhindern, dass Kinder ebenso wie Erwachsene Opfer von Straftaten werden. Zum Beispiel, weil sie aufgeklärt sind und weil sie wissen, wie sie Risiken erkennen und damit umgehen können. Gleichzeitig soll Kriminalprävention dabei helfen, zu verhindern, dass jemand sich unbewusst strafbar macht, weil er gar nicht weiß, wann man sich weswegen strafbar machen kann. In der Präventionsarbeit zeigen wir mögliche Konsequenzen auf. Ich plädiere hier dafür, dass die Sicherheitsbehörden viel stärker zusammen mit den Schulen diese Aufgaben auch wahrnehmen.

Es gab beispielsweise Berichterstattungen über den Fall einer Lehrerin, die sich sogenanntes kinderpornografisches Material – ein Begriff, den ich übrigens für ungünstig erachte und nur verwende, weil er so noch immer leider im Gesetz steht –, das in einem Klassenchat gepostet wurde, hat zusenden lassen. Hintergrund war, dass es die intimen Aufnahmen einer 13-jährigen Schülerin waren und die Lehrerin mit dem Material das Gespräch mit den Eltern suchen wollte – damit der Schülerin geholfen werden kann. Weil die Lehrerin durch das Zusenden in den Besitz von kinderpornografischen Inhalten gelangte, hat sie sich aber selbst strafbar gemacht und könnte ihren eventuell vorhandenen Beamtenstatus verlieren, da es sich um einen Verbrechenstatbestand handelt. Die Mindeststrafe liegt bei einem Jahr. Worauf will ich hinaus? Diese Lehrerin scheint nicht darüber aufgeklärt gewesen zu sein, wie die Strafrechtslage aussieht und wie sie sich in so einer Situation verhalten sollte. Und wie sollten Lehrkräfte, die das selbst nicht wissen, es anderen vermitteln? Strafrecht spielt normalerweise kaum eine Rolle im Bildungskontext. Die Auswirkungen in solchen Fällen zum Beispiel auf die Lehrkräfte können aber so immens sein, dass man zumindest in irgendeiner Form aufklären müsste.

Ich wurde vor Kurzem in einem Artikel mit der Aussage zitiert, dass ich glaube, es werde kein digitales Delikt mehr geben, wo Deepfakes und letztlich KI keine Rolle spielen kön-

nen. Dies zeigt sich mittlerweile auch im schulischen Kontext, etwa in jenem Fall in Spanien, bei dem Mitschüler Nacktbilder von Schülerinnen über sogenannte Undress-Programme erzeugt haben sollen.
Mittlerweile sind auch KI-basierte Programme bekannt, die sogenannte kinderpornografische oder pornografische Inhalte generieren können. Das bedeutet aber auch, dass sich alle Beteiligten, die damit etwas zu tun haben, strafbar machen könnten. Genau deshalb müssen wir heutzutage frühzeitig genau und auch strafrechtlich über solche Möglichkeiten von KI aufklären.
Neben der Erstellung von Nacktbildern kommt hinzu, dass es KI auch ermöglicht, dass sich Gesprächspartner in Videos beziehungsweise Videonachrichten oder auch in sozialen Medien als jemand völlig anderes darstellen können. Dies ist vor allem bei Minderjährigen gefährlich, wenn sich das gleichaltrige Mädchen später als erwachsener Mann rausstellt. Auch muss man eine Sprache nicht mehr beherrschen, weil man in Videos mittlerweile lippensynchron die Sprache mit einer Qualität übersetzen kann, die wirklich immens ist. Was soll man da effektiv machen, außer immer wieder darüber aufklären? Das gilt auch für die Sicherheitsbehörden. Ich glaube, auch viele Polizist*innen müssen darüber noch intensiver aufgeklärt werden, was mittlerweile eigentlich möglich ist.

Ich bin Professor Rüdiger sehr dankbar, dass er hier einen Fokus legt, denn selbst an unserer Schule – und ich bezeichne sie ja immer als eine Art Bullerbü – haben wir die ersten Deepfake-Fälle mit Deepfake. Die Kinder kommen und sagen: »Ey, das hat mit der Wahrheit überhaupt nichts mehr zu tun.« Wir als Lehrkräfte sind natürlich in gewisser Weise überfordert und fragen uns, wie wir damit umgehen sollen. Im schulrechtlichen Kontext können wir damit umgehen. Wie weit aber soll Aufklärung, kann Aufklärung noch gehen? Wir bieten den Kindern tiefgreifende und schülernahe Aufklärungs-Webinare an mit der Rechtsanwältin Gesa Stückmann und ihrer Initiative Law4school, in denen es auch um eine rechtliche Aufklärung geht.

Eigentlich wissen die Kinder also gut Bescheid, was sie dürfen und was sie eben nicht dürfen. Aber das ist vielleicht vergleichbar mit der Gesellschaft. Man weiß ja auch, dass man 100 auf der Straße fahren darf. Und trotzdem hat Flensburg eine große Punktesammlung.

Prof. Dr. Rüdiger

Möglicherweise habe ich einen sehr kritischen Maßstab, was ich mir an Prävention vorstelle. Die derzeitigen Präventionsprogramme reichen nicht aus. Vor allem darf digitale Prävention nicht davon abhängig sein, ob eine Schule in Nordrhein-Westfalen, in Hessen oder in Niedersachsen besonders gut agiert. Wir reden ja über globale Phänomene, und die Kinder müssen überall denselben Anspruch darauf haben, auf die Gefahren im Netz vorbereitet zu werden. Es ist doch auch nicht so, dass es nur vereinzelt Schulen in wenigen Bundesländern gibt, die Themen wie Verkehrsregeln aufgreifen, sondern es wird standardmäßig erwartet, dass das alle Schulen machen, weil jedes Kind mit Gefahren und Risiken im Straßenverkehr konfrontiert wird. Und genau dasselbe muss auch für Prävention zu Gefahren von KI und im Netz gelten. Leider ist es bei uns in Deutschland nicht wie in Österreich, die ein digitales Grundbildungsfach eingerichtet haben und offenbar verpflichtend für alle Schulen. Bei uns setzt man – wenn überhaupt – darauf, dass das Thema in einzelnen Fächern mit aufgegriffen werden kann. Ob es dann auch tatsächlich mit aufgegriffen wird, hängt ja auch

oft vom Lehrer ab, zumindest denke ich das, obwohl ich jetzt selbst kein Bildungsexperte bin.
Ich habe lange darüber nachgedacht, ob ich mich für ein zusätzliches Unterrichtsfach aussprechen oder eine integrale Vermittlung von digitaler Bildung favorisieren soll. Mein Standpunkt bisher war, dass wir eine integrale Vermittlung in allen Fächern brauchen, weil das Thema Sicherheit im Netz überall eine Rolle spielt. Zwar bin ich nach wie vor der Meinung, dass Medienkunde und Medienerziehung in jedem Fach vermittelt werden müssten. Aber mittlerweile habe ich eher die Tendenz, doch ein eigenständiges Unterrichtsfach wie in Österreich einzufordern. Warum? Einfach, weil in den integralen Fächern meinem Eindruck nach niemand sicherstellen kann, dass Medienerziehung auch wirklich ausreichend vermittelt wird.

Das scheint mir insbesondere zu diesem Zeitpunkt sehr wichtig zu sein. ChatGPT ist im schulischen, vielleicht aber auch gesellschaftlichen Kontext das Aushängeschild für KI, wenngleich es ja nur ein kleiner Teilbereich ist. Bislang war ich hinsichtlich Medienkompetenzerziehung ähnlich wie Professor Rüdiger positioniert und habe immer gesagt, dass wir das Thema ganzheitlich sehen müssen. Wenn ich aber auf das System Schule schaue, sehe ich, dass diese ganzheitliche Vermittlung nicht funktioniert. Jeder ist mit seinem eigenen Fächerkanon beschäftigt, mit den eigenen curricularen Vorgaben.

Prof. Dr. Rüdiger

Lehrkräfte werden in Medienkompetenz kaum aus- und fortgebildet. In den sozialen Medien folgen mir relativ viele Lehrkräfte, von denen ich erfahre, dass sie auf eine Vermittlung von Medienkompetenz nicht hinreichend vorbereitet sind. Dazu gehört auch, dass die Lehrkräfte dann in der Pra-

xis die Zeit und die Ressourcen dafür bekommen. Das scheint ebenso wenig überall gegeben zu sein. Wie sollen sie dieses Thema dann integral vermitteln?
Wenn man aber ein Medienbildungsfach einrichtet, kann man die Lehrkräfte explizit ausbilden und die Ressourcen gebündelt einsetzen. Ich stelle mir hier eine Zusammenarbeit vor, etwa zwischen Medienbildungslehrern, Pädagogen und Polizisten, die sich gegenseitig fortbilden und Ideen austauschen. Denn im Bereich der Medienpädagogik nehme ich manchmal eine gewisse Skepsis gegenüber der Polizei wahr. Diesbezüglich könnte man über eine gemeinsame Fort- und Weiterbildung – oder vielleicht sogar einen eigenen Studiengang, auch als ein Pilotprojekt – nachdenken. So würden wir zeigen, dass wir an demselben Ziel arbeiten: Kindern ein gutes Aufwachsen im digitalen Zeitalter zu ermöglichen.

Ich finde Professor Rüdigers Gedanken sehr einleuchtend und wichtig, denn wenn ich auf diese Ruinenverwaltung »deutsches Schulsystem« blicke, denke ich auch, dass wir Allianzen bilden müssen. Wir brauchen Expertise von außen, die uns hilft, die Kompetenzen, die notwendig sind, an die Kinder zu vermitteln. Und hinsichtlich der Komplexität der Themen geht es nicht mehr ohne echte Expertise von außen und ohne Expertinnen und Experten.

Im Folgenden frage ich Professor Rüdiger, wie wir Lehrkräfte jetzt schnell Grundkompetenzen im Bereich KI aufbauen können.

Prof. Dr. Rüdiger

Ich glaube, es ist wichtig zu sehen, dass KI so umfassend sein und unsere Strukturen so verändern wird, dass die Auswirkungen in allen Bereichen, auch im Kriminalitätsbereich,

grundlegend sein werden. Kompetenzen kann man nur aufbauen, wenn man bereit ist, KI auch selbst zu nutzen und auszuprobieren.
Ich kann mich an Vorträge von vor zehn Jahren erinnern, da hatte ich manchmal Zuhörer, die sagten: »Sehen Sie, deswegen habe ich kein Smartphone.« Und ich habe dann gesagt: »Ja, sehen Sie, und weil Sie kein Smartphone haben, ist das der Punkt, warum Sie nie als Ansprechpartner bei digitalen Risiken wahrgenommen werden.«
Das ist mir persönlich immer sehr wichtig. Ich sehe zwar schon von Berufs wegen eher die schlechten Seiten, aber ich sage immer: »Nutz das alles selbst. Versuch dich daran.« Man kann dann fragen, woher man die Zeit dafür nehmen solle, denn das muss auch im Privaten mit erfolgen. Es ist eine Art ganzheitliches Lernen. Man muss sich dransetzen und sich damit beschäftigen, sonst ist man abgehängt. Ich sitze meistens auch da, sehe irgendeinen Trend und schaue mir genau an, was da für die Kriminalitätsbegehung realistisch ist und was nicht. Auch als Quellenbeleg. Wenn ich Beiträge oder Postings verfasse, will ich zeigen, dass das, was ich erzähle, nicht nur hypothetisch, sondern wirklich möglich ist. Wenn ich beschreibe, dass man Stimmen klonen kann oder dass ich mich durch einen Filter jung oder alt machen kann, dann probiere ich es an mir selbst aus und veröffentliche die Beispiele auf meinen Kanälen.
Auf die Frage, ob es eine deutschlandweite Onlinewache, ähnlich der 110 geben soll, möchte ich zum Verständnis zunächst etwas verdeutlichen. Wir haben in Deutschland 16 sogenannte Internet- oder Onlinewachen, für jedes Bundesland eine, obwohl es sich um einen globalen digitalen Raum handelt, der keine Bundesländergrenzen kennt. Schüler, die etwas melden wollen, müssten erst mal auf den Gedanken kommen, die Internetwache ihres Bundeslandes herauszu-

suchen. Und jetzt kommt das Problem: Solche Internetwachen sind sinnbildlich quasi Briefkästen, an denen außen Formulare hängen. Auf diesen Formularen steht dann, vereinfacht dargestellt, dass man das ausfüllen soll, wenn man eine Anzeige machen will, und es dann digital einschicken kann. Bevor man so weit kommt, gibt es aber erst einmal rechtliche Belehrungen unter anderem dazu, dass man sich auch selbst strafbar machen kann. Gleichzeitig müsste man auch grob wissen, was man da strafrechtlich überhaupt zur Anzeige bringen möchte, um die entsprechenden Tatbestandsmerkmale darzustellen.

Nehmen wir das Beispiel mit einem Anruf über die Notrufnummer 110. Da ruft der Schüler einen echten Polizisten an, und der fragt ihn dann, was passiert ist. Der Polizist arbeitet im Gespräch auch die sogenannten Tatbestandsmerkmale für etwaige Straftaten oder zur Gefahrenabwehr heraus und setzt mögliche Prozesse in Bewegung. Gleichzeitig könnte er auch warnen, falls sich der Schüler selbst strafbar macht, wenn er falsch reagiert. Der Polizist erkennt das im Gespräch. Das heißt, der Polizist passt sich am Telefon und im persönlichen Gespräch dem Gesprächsniveau und der Situation an. Deswegen sind die überwiegende Mehrzahl der Wachen nicht geschlossen, und es gibt nicht nur einen Briefkasten. Es gibt Ausnahmen, aber im Kern heißt es eben nicht: »Füllen Sie bitte die Anzeigen selbst aus und werfen Sie sie in den Briefkasten, wir kümmern uns darum!« Das liegt auch daran, dass ein Kind das ja auch nicht allein könnte. Im Netz ist die Polizei aber ein reiner Briefkasten – und die Fragen und Anforderungen sind auch noch so formuliert, dass selbst ich manchmal Probleme habe, das zu durchschauen. Wie soll das ein neunjähriges Kind, selbst ein zehn- oder 13-jähriges oder noch älteres Kind schaffen?

Wir als Gesellschaft erwarten, dass sich junge Menschen an

Recht und Gesetz halten, vermitteln ihnen die Grundsätze aber nicht. Wenn ich mit meinen Studierenden diskutiere und sie frage: »Hattet ihr schon mal das Strafgesetzbuch in der Hand, bevor ihr zur Polizei gekommen seid?«, verneinen die meisten. Gleichzeitig erwarten wir aber, dass dieses Wissen vorhanden ist. Hier bräuchte es also auch eine frühzeitige Vermittlung von rechtlichem Wissen.

Mein Vorschlag wäre es, dass wir eine einzige angepasste Onlinewache haben, wo rund um die Uhr Ärzte, Pädagoginnen, Polizisten, Psychologinnen sitzen, die zum Beispiel per Alarmknopf von Kindern und Jugendlichen erreicht werden könnten. Auch wenn sie es nicht nutzen, sollte es dieses Angebot geben.

Auch über die Social-Media-Kanäle der Polizei können gerade Minderjährige die Polizei nicht wirklich kontaktieren. Nicht bei allen, aber bei einigen dieser Kanäle steht zum Beispiel in den Profilbeschreibungen: »Bei uns keine Nachrichten, keine Anzeigen.« Eigentlich sind Anzeigen formungebunden. Das halte ich für ungünstig, denn es zeigt den Menschen und den Kindern, dass offenbar gar keine echte Kommunikationsmöglichkeit besteht. Dabei brauchen gerade Kinder niederschwellige einfache Kommunikationsangebote im Sinne von: »Rede mit mir, zeig, was passiert ist, und ich helfe dir!«

Aber das ist nur ein Symptom für generelle Probleme, weil die digitalen Polizeistrukturen nicht auf diese Kommunikationsstrukturen in einem digitalen Raum eingestellt sind. Die Polizei ist skeptisch, was eine niedrigere Hemmschwelle zur Anzeige im Netz angeht. Denn je niedriger die Hemmschwelle, desto mehr Anzeigen erfolgen. Je mehr Anzeigen, desto mehr steigen die Kriminalstatistiken in dem Bereich. Und das ist etwas, was vielleicht auch nicht jeder in dieser Form gut findet oder was politisch nicht gut zu verkaufen ist.

Aber ich sehe generell, dass bei Eltern und Lehrkräften ein riesiger Informationsbedarf besteht. Sie wollen wissen, wie sie in bestimmten Situationen reagieren sollen. Uns fehlen Beratungsstellen, bei denen man sagen kann: »Es ist etwas passiert. Wie soll ich mich am besten verhalten?«

Wir haben ganz viele unterschiedliche Polizeibehörden in Deutschland, aber keine grundlegende digitale Polizeistrategie für die Globalität dieses Raumes und auch den Auswirkungen und Entwicklungen bei KI. Ich will kurz verdeutlichen, worauf wir zusteuern: In den Polizeien ist Nachwuchsgewinn ein großes Problem, und wir werden gleichzeitig im digitalen Raum mit einer Masse an Delikten konfrontiert, die eigentlich mit dem Personal, das vorhanden ist, gar nicht abgearbeitet werden kann. Stellen Sie sich kurz vor, jede Phishing-E-Mail würde angezeigt, dann wäre die Polizei schachmatt, weil sie es personell nicht abarbeiten könnte. Bei solchen Massendelikten könnten aber die aktuellen Entwicklungsschritte bei der KI eine Art Gamechanger werden. Beispielsweise indem KIs – beziehungsweise Polizeibots – Anzeigenaufnahmen vollautomatisch übernehmen, indem sie mit den Bürgern kommunizieren oder auch den Polizisten Verwaltungsarbeiten abnehmen. Ich glaube, dass so etwas möglich ist.

Wenn man bei ChatGPT einfach nur mal sagt: »Schreib mir eine Anzeige zu folgendem Sachverhalt!«, dann wird man schnell sehen, dass das keine Utopie ist, sondern in Ansätzen schon jetzt möglich wäre. Die Zukunft läuft darauf hinaus, und hier ist noch so viel machbar.

Wenn Polizeien zum Beispiel Präventionsthemen oder Strafrecht über soziale Medien vermitteln wollen, dann müssen sie dies derzeit mit echten Polizisten machen. Stellen wir uns doch mal virtuelle, also allein computergenerierte, Polizei-Influencer vor. Es gibt jetzt schon rein digital erstellte

Influencer, die ein bis zwei Millionen Follower haben. Was wäre der Vorteil? Man könnte Präventionsthemen aufgreifen und diese auch noch durch KI in alle möglichen Sprachen übersetzen lassen. So kann man unterschiedliche kriminalpräventive Themen von strafrechtlichen Erklärungen bis zu Verhaltenstipps in jeder Sprache vermitteln, ohne einen allzu großen Aufwand im Verhältnis zu haben.

Meine Einschätzung ist, dass perspektivisch die Polizeiarbeit durch künstliche Intelligenz ergänzt wird. Möglicherweise werden wir dann im Netz vielleicht doch mehr Straftaten verfolgen können, als es jetzt der Fall wäre.

Ich glaube, darauf ist man gegenwärtig noch nicht vorbereitet, und Diskussionen werden nicht hinreichend geführt. Zwar gibt es einige Forschungsinstitutionen – auch von den Sicherheitsbehörden – und Stellen, die sich mit solchen Fragen zumindest theoretisch auseinandersetzen, aber in der großen Fläche der Sicherheitsbehörden habe ich das so in dieser Form noch nicht vernommen. Das liegt auch daran, dass gerade Sicherheitsbehörden häufig mit dem Status quo beschäftigt sind. Man sollte es vielleicht auch einmal klar formulieren: Die Sicherheitsbehörden haben mindestens zehn Jahre den digitalen Raum weitestgehend sich selbst überlassen, weil man halt nicht in der Lage war, mit dieser Masse an Normenbrüchen umzugehen. Erst in den letzten Jahren kam hier Bewegung rein. Demnach könnte KI auch helfen, das dadurch entstandene Gefühl der Rechtsfreiheit im digitalen Raum, das ich als ein Broken-Web-Phänomen bezeichne, zurückzudrängen. Und ich glaube, da müssten wir auch zum Schutz der Minderjährigen ran, denn diese werden ja auch zumindest teilweise im digitalen Raum sozialisiert.

Die digitale Entwicklung ist nicht wirklich ernst genommen worden. Man hat die Augen davor verschlossen, dass der digitale Raum auch ein echter Lebensraum ist. Wenn ich allein an die Gespräche denke, die ich vor zehn Jahren zu diesen Themen hatte. Da hat man schon gesehen, dass etwa Sexualtäter und Sexualtäterinnen in sozialen Medien Kontakt mit Kindern aufnehmen. Die Reaktionen waren oft: »Ach ja, warum müssen denn Kinder überhaupt im Netz sein?« Ich glaube, da hat man oft die Realität nicht gesehen oder nicht sehen wollen. Und ich glaube auch, dass sich die Sicherheitsbehörden zu wenig als ein Akteur betrachtet haben, der im digitalen Raum für denselben Schutz von Menschen sorgen sollte wie im analogen Raum. Im analogen Raum würde niemand daran zweifeln, dass die Sicherheitsbehörden dafür zuständig sind, Kinder oder auch Erwachsene vor der Konfrontation mit Extremisten oder mit Sexualtätern zu schützen. Im Netz aber ist das bisher stiefmütterlich behandelt worden. Belegt wird dies auch dadurch, dass zum Beispiel die Konfrontationsraten in Dunkelfeldstudien nicht abnehmen, sondern seit Jahren zunehmen, obwohl man gesellschaftlich versucht, etwas zu verändern. Es waren dann aber offenbar keine hinreichenden Entscheidungen.

Es gibt Studien, die darauf hindeuten, dass zum Beispiel nur ein Prozent der Nutzer je nach Phänomen überhaupt etwas zur Anzeige bringen würden. Man muss es also schaffen, die Hürde der Anzeige im digitalen Raum niedriger zu gestalten oder auch die Polizeipräsenz im Netz zu erhöhen. Es gibt das sogenannte Lüchow-Dannenberg-Syndrom, das besagt: Mehr Polizeipräsenz in einem Raum führt nicht zu weniger Anzeigen, sondern zu mehr Anzeigen, weil Menschen das Vertrauen in die Polizeiarbeit gewinnen, Polizisten sehen und dann sagen können: »Schau mal hier, da ist gerade das passiert.«

In der Kriminalpolitik kommt es dann zu einem Spannungsfeld, weil der Gedanke entstehen kann: »Oh, wieso steigen hier die Anzeigen, wenn doch gerade eine Wache eröffnet wurde oder sogar mehr Polizeipräsenz vorhanden ist?« Gleichzeitig hieße das: Mehr Polizeipräsenz im digitalen Raum führt zu mehr Anzeigen. Mehr Anzeigen müssen abgearbeitet werden. Es fehlt aber das Personal, und ausreichende Zuwächse sind nicht wahrscheinlich. Das liegt einfach daran, dass nicht genug junge Menschen nachkommen, die die Polizeiberufe in dieser Form aufnehmen wollen.

Ich glaube, dass auch hier eine KI Aufgaben übernehmen kann. Eine KI kann vielleicht sogar empathischer als manche Menschen eine Anzeige aufnehmen. Es gibt auch diese interessanten Fragen, ob man, wenn man tagtäglich Anzeigen aufnimmt, auch noch empathisch ist, wenn nach einer längeren Schicht ein Rentner mit einer Phishing-E-Mail auf die Wache kommt. Oder sind Menschen dann doch vielleicht auch genervt? Eine KI wird so etwas wie »genervt sein« vermutlich nicht kennen. Das bietet Möglichkeiten in allen Bereichen. Und man muss sich vielleicht noch ergänzend die Frage stellen, vor wem man sich lieber öffnet, wenn man beispielsweise einen Übergriff erlebt hat.

Es ist selbstverständlich nicht garantiert, dass das in der Zukunft auch so kommt. Die KIs haben immer noch logische Aussetzer, es gibt Halluzinationen et cetera, wo man aufpassen muss. Aber ich glaube, die Entwicklung geht auf jeden Fall in diese Richtung. Man sollte auch daran denken, dass Beratungsprojekte, um Menschen in schwierigen Situationen zu helfen, viel Geld kosten – es braucht ja Personal. Wenn man hier eine KI vorschalten könnte, die bereits viel vorentlastet und hilft, können Menschen dann viel zielgenauer beraten und unterstützen, im Bestfall könnten so mehr Projekte umgesetzt werden. So wäre es auch bei der angesprochenen KI-basierten Internetwache, wie ich sie mir vorstelle. Man hätte am Anfang eine KI, die einen Vorfall

aufnimmt und dann zu den menschlichen Kollegen weiterleitet.
Es stellt sich hier allerdings die Frage, ob die Menschen dies auch akzeptieren würden und auch, wie menschliche Polizisten reagieren werden, die mit KI und vielleicht auch Robotern in Zukunft arbeiten müssen. Ich finde dieses Feld wahnsinnig spannend. KI hat nicht nur negative, sondern auch positive Effekte, wenn wir sie verantwortungsvoll einsetzen und ihre Bedeutung als Gesellschaft reflektieren. Wir müssen uns jetzt diesen Herausforderungen und diesen Fragen stellen. Ich könnte mir vorstellen, wenn wir uns in zehn, 15 oder 20 Jahren unterhalten, ist KI, sind wahrscheinlich sogar Roboter mit KI-Steuerung Normalität im Alltag – man denke nur an Tesla Optimus oder Boston Dynamics.

Ein öffentliches Debattieren und beherztes Angehen des Themas sind jetzt vonnöten. Wir müssen darüber diskutieren, dass künstliche Intelligenz in vielen Bereichen unterstützen könnte, sie andererseits aber gefährdend sein und viel Unheil anrichten kann.

Was können wir jetzt tun, um Menschen aufzuklären? Was braucht es, um Familien zu informieren, um zu versuchen, nicht nur Kinder zu schützen, sondern uns alle?

Prof. Dr. Rüdiger
Was ich beim Thema Deepfake erstaunlich finde, ist, dass man früher einen Computer mit viel Rechenleistung gebraucht hat, um nur ein paar Sekunden eines Videos oder Fotos zu bearbeiten. Heute kann man mit dem Smartphone synchronisierte Videos von irgendwelchen Leuten erstellen lassen. Das heißt, selbst das Video unseres Interviews könnte gefakt sein, wenn man ganz ehrlich ist. Ich habe neulich erst mit einer Sprachsoftware gearbeitet, durch die man ein Vi-

deo in andere Sprachen übersetzen kann. Die KI nimmt offensichtlich dann den Tonfall und simuliert nach und nach, setzt also sozusagen eine andere Sprache über das Original, ohne dass man einen Unterschied sieht und vor allem auch lippensynchron. Jeder sollte sich bewusst werden, dass es bedeutet, dass mit der eigenen Stimme dann auch Formen von Kriminalität wie Betrugshandlungen und Ähnliches denkbar sind.

Viele verstehen langsam, dass man im Netz im Prinzip dadurch gar nichts mehr glauben kann. Das hat mit gefakten Selenskyj-Videos im Ukraine-Krieg angefangen und einem Klitschko-Videotalk mit der damaligen Bürgermeisterin von Berlin, wo bis heute offenbar nicht ganz klar ist, was da genau vorgefallen ist. Die Auswirkungen im Informationsbereich sind immens. Das ist ein Problem, für mich ist das aber alles gleichzeitig ein Symptom. Ein Symptom dafür, dass wir den digitalen Raum lange nicht als realen Kommunikations- und Sozialisationsraum und damit auch nicht als Ort für Kriminalität betrachtet haben und entsprechend die notwendigen gesellschaftlichen Diskussionen zu selten geführt haben. Aus meiner Sicht ist dies auch erfolgt, da man gerade die Risiken dieses Raums nur richtig einschätzen kann, wenn man die Geräte und Möglichkeiten selbst nutzt. Das haben in der Vergangenheit aber vermutlich nicht alle Entscheidungsträger getan, was auch mit zu einem geringen Schutzniveau geführt hat. Dabei müsste ein Niveau an Sicherheit geschaffen werden, das zumindest ansatzweise vergleichbar ist mit dem im physischen Raum. Dort würden wir Kindern nicht sagen: »Pass auf, hier können Sexualtäter und Extremisten rumlaufen, und ich bring dir nur bei, wie du ihnen ausweichst und dich versteckst.«

Im normalen Straßenverkehr haben wir als Schutzniveau vier bis fünf verschiedene Ebenen, die eigentlich eine risikominimierte Teilhabe an diesem physischen Raum ermöglichen. Dazu gehören die Eltern, die in der Lage sind, ihren Kindern diese Regeln zu vermitteln. Auch die Schule greift diese Regeln auf.

Was aber bringt es, einem Kind zu sagen: »Lauf nicht bei Rot über die Ampel«, wenn es im Gegenzug keine Regel gibt, die verhindert, dass ein Autofahrer bei Rot fährt. Trotzdem gehen viele Menschen bei Rot über die Ampel, viele fahren zu schnell Auto. Das ist eigentlich Normalität. Nur dann, wenn man Polizeipräsenz wahrnimmt oder wenn ein Risiko für einen selbst besteht, oder man denkt, ein Kind könne das Fehlverhalten nachmachen – das sind dann Faktoren, die von Fehlverhalten abhalten, aber nicht die Regel allein. Die grundsätzliche Bereitschaft zur Normüberschreitung ist, glaube ich, bei uns allen vorhanden.

Dann aber braucht es auch noch Menschen, die so etwas wie Ampeln entwickeln müssen. Autos, die zum Beispiel für Sicherheit sorgen müssen. Das heißt nicht, dass im Straßenverkehr kein Kind angesprochen werden kann. Das heißt auch nicht, dass ein Kind keinen Unfall erleben kann. Aber das Risiko dafür ist minimiert.

Wenn man das jetzt auf den digitalen Raum überträgt, sieht man vielleicht grundsätzliche Problemstellungen. Ich bin ein Anhänger von Niklas Luhmanns Theorien. Ihm zufolge könnte man davon ausgehen, dass der digitale Raum ein großes System darstellt, in dem wir uns alle bewegen. Und dieses System hat dann wiederum Subsysteme, wie zum Beispiel X, also das ehemalige Twitter, TikTok oder Instagram. Aber wenn man das ganze Netz zusammenhängend betrachtet, reden wir über einen globalen Raum. Und ich glaube, dass die Schutzmaßnahmen auch bis jetzt versagen, weil man diese Globalität des Raums nicht hinreichend betrachtet.

Auch das, worüber wir bereits gesprochen haben, ist ja stark auf Deutschland und vielleicht noch Österreich bezogen. Aber eigentlich müssten wir das alles vor dem Hintergrund der Globalität und damit Grenzenlosigkeit des digitalen Raums betrachten. Wenn man das aber für einen Moment außer Acht lässt, muss man sagen, dass wir als Allererstes dringend Eltern und Erwachsene in Bezug auf soziale Netzwerke und KI fit machen müssen. Woher sollen die Kinder ansonsten diese Fähigkeiten haben, denn wie auch schon diskutiert, fängt die Schule dies nicht auf? Fehlen hier die Initiativen? Es wird oft auf Broschüren oder einzelne Internetseiten mit aufklärenden Videos verwiesen. Was aber soll das bringen?

Beim Ablegen der Führerscheinprüfung stellen wir sicher, dass ein souveräner Umgang im Straßenverkehr möglich ist. Ich weiß nicht, ob ich jetzt einen Medienführerschein fordere, aber irgendetwas in dieser Art könnte ich mir vorstellen. Vielleicht ist es ein Wunschdenken, aber man sollte bei Streams bei Netflix und ähnlichen Anbietern Zeiten für Präventionskampagnen kaufen und diese vor Filmen einspielen. Der einzige Präventionsclip, der mir wirklich in Erinnerung geblieben ist, ist der mit »Ist Klausi zu Hause?«. Der lief im Fernsehen. Wann hat man das letzte Mal im Fernsehen so ein Video gesehen?

Wir brauchen echte grundlegende gesellschaftliche Aufklärungskampagnen, wo man das Thema Sicherheit im Netz aufgreift, auch in den sozialen Medien und nach wie vor auch im Fernsehen. Gleichzeitig braucht es Ansprechpartner in den Schulen. Für mich muss das Thema in irgendeiner Form verpflichtend ab der ersten Klasse verankert werden. Das heißt nicht, dass in der ersten Klasse dasselbe Niveau vermittelt werden muss wie in der achten Klasse, oder dass dieselben Themen behandelt werden müssen. Men-

schen sind überrascht, warum es Neunjährige gibt, die bereits mit sexualisierten Nachrichten im Netz konfrontiert werden. Es braucht also schon für die Kleinsten Aufklärung, vor allem aber auch für Eltern, die ihren Kindern einfach ein Smartphone in die Hand drücken, ohne dass sie die Kinder auf so etwas vorbereiten.
Wie gesagt brauchen wir aber auch Polizeistreifen im Netz, die flächendeckend arbeiten, sodass Täter auch eine hinreichende Angst vor Strafverfolgung im Internet entwickeln. Sexualdelikte sind aus meiner Sicht dabei gegenwärtig mit das größte Problem. Das liegt aber vielleicht auch daran, dass hier mein Forschungsschwerpunkt liegt. Hasskriminalität, Fake News et cetera sind aber ebenso wichtig zu betrachten, weil die Kinder auch damit konfrontiert und sozialisiert werden. Man muss aufklären, im Zweifel aber auch strafrechtlich vorgehen.

All die Probleme kann am Ende eben nicht eine Institution allein lösen. Medien haben ihren Anteil, Schule, Eltern, Polizei, Behörde. Ich erinnere nur daran, dass es jetzt 16 Richtlinien zum Umgang mit KI in der Schule gibt. In einem Land.

Prof. Dr. Rüdiger
Schule ist sehr gut vergleichbar mit der Polizei. Wir haben auch 16 Polizeien und dazu noch die Sicherheitsbehörden des Bundes. Und bei uns läuft eine vergleichbare Diskussion. Das ist nicht mehr adäquat für einen globalen Raum. Zudem haben wir noch nicht über die Betreiberverantwortung gesprochen. Die Plattformbetreiber haben natürlich auch eine Verantwortung, welchen Risiken die Nutzer ausgesetzt sind. Aber ob da wirklich effektiv und schnell vorgegangen wird, wenn es um gefährdende Inhalte geht, wage ich manchmal zu bezweifeln.

Ein Zusammenspiel aller Akteure ist notwendig. Ich erlebe oft, dass Eltern sagen: »Die Schule und die Polizei sind dafür verantwortlich.« Die Schulen entgegnen: »Nein, das können wir gar nicht. Das ist die Aufgabe der Eltern und der Betreiber, vielleicht noch der Polizei. Es geht ja um Straftaten.« Und die Betreiber reagieren: »Moment mal, es steht in den AGB, dass sich keine Kinder bei uns anmelden dürfen. Also Eltern, tut mir leid, aber ihr müsst verhindern, dass eure Kinder mit dem Smartphone in die sozialen Medien gehen.« Und so läuft das eigentlich überall, oder ich erlebe es so zumindest, es sind ja auch immer subjektive Eindrücke mit dabei. Ich erlebe dieses Verschieben der Verantwortung in vielen Bereichen.

Je fitter die Schüler jetzt aber werden, umso fitter sind die Lehrkräfte der Zukunft oder auch die Polizisten der Zukunft in diesen Feldern. Also wäre es eigentlich eine Win-win-Situation, wenn wir uns jetzt endlich intensiv mit KI und Sicherheit im Netz beschäftigen. Es ist eben leider schmerzhaft für die Generation jetzt, die es umsetzen muss.

Intelligenter als wir? Was KI alles kann (und was nicht)

Erinnern Sie sich an Ihr Unverständnis, wenn früher ein älterer Mensch zu Ihnen gesagt hat: »Herrje, im Alter vergeht die Zeit gefühlt wie im Flug!«? Irgendwann, mit voranschreitendem Alter und in einem oft hektischen Alltag, beginnt man dann plötzlich, dieses Gefühl nachzuempfinden und selbst zu spüren. Es ist Oktober 2023, als ich diese Zeilen tippe, die hohen Temperaturen sind nun endgültig vorbei, und draußen sind es nur noch sieben Grad. Ich denke daran, wie unfassbar schnell der Sommer vergangen ist und dass nur noch zwei Monate bis Weihnachten verbleiben. Die Supermärkte bieten schon wieder Unmengen an Spekulatius an, Weihnachtsfeiern müssen geplant und organisiert werden. Spätestens an Silvester werden sich viele Menschen in den Armen liegen, sich fragen, wo das Jahr bloß geblieben ist, und auf ein Neues anstoßen.

Gefühlt vergeht die Zeit für mich mittlerweile auch wie im Flug. Seit etwa einem Jahr aber habe ich den Eindruck, dass der Zeiger der Uhr nicht nur deutlich schneller läuft, sondern ein Tempo annimmt, das es mir schwer macht, Schritt zu halten. Und auch die Entwicklung der künstlichen Intelligenz schreitet rasant voran.

Künstliche Intelligenz – was ist das doch eigentlich für eine erschreckende Wortkombination: einerseits unecht, andererseits unterkühlt und doch mittlerweile prominent in *Tagesschau*, Wissenssendungen und Zeitungen. Aber um wirklich zu verstehen, was KI eigentlich ist, hat man den Eindruck, sich in ein wissenschaftliches Studium vertiefen zu müssen.

Für den Anfang reicht vielleicht die Erklärung der Initiative Codingskids.de, einem Ratgebermagazin, das zu den Themen Programmieren, Technik, Roboter und Medienkompetenz informiert. KI wird dort folgendermaßen beschrieben:

»KI steht für ›Künstliche Intelligenz‹ (im Englischen: AI für ›Artificial Intelligence‹) und bezeichnet ein Teilgebiet der Informatik. Algorithmen, also Computercodes, sollen so programmiert werden, dass sie eigenständig in der Lage sind, Probleme zu lösen und sich weiterzuentwickeln. Man versucht also zu imitieren, wie das menschliche Gehirn funktioniert, zum Beispiel mit künstlichen neuronalen Netzwerken.
Auch wenn KI gerade in aller Munde ist: Im Grunde ist sie schon ein alter Hut. Bereits in den 1950er-Jahren gab es erste Versuche, intelligente Maschinen nach menschlichem Vorbild zu bauen. Pionier auf diesem Forschungsgebiet war der Amerikaner Marvin Minsky, der mit Röhren und Kupplungen die Funktionsweise des Gehirns imitierte.«[1]

Wenn KI also schon seit den 50er-Jahren ein Thema ist, warum stockt mir dann, wie vielen anderen auch, nun plötzlich hinsichtlich der rapiden Entwicklung der Atem?

Ganz einfach. KI ist plötzlich mitten unter uns. Es war November 2022, als ich das erste Mal von dem mittlerweile berühmten Programm ChatGPT gehört habe.

Als Digitalbotschafterin und Schulleiterin einer digitalen Schule, aber in erster Linie als wahnsinnig neugieriger Mensch wollte ich wissen, was denn dieses ChatGPT sein könnte, und meldete mich auf der Seite OpenAI an. Es erschien eine Internetseite, die eher so wirkte, als sei sie den Anfangszeiten des Internets entsprungen. Keine Bilder, kaum Text, nur eine Chatzeile, wie wir sie von WhatsApp, SMS und vielen Messengerdiensten kennen, die dazu einlädt, eine Nachricht zu senden.

Es dauerte nicht lange, bis ich verstand, dass mir ChatGPT Antworten auf Fragen geben konnte, meinen Aufforderungen zum Verfassen von Texten folgte und Ähnliches.

Auch meine Schulleitungskollegen wurden auf diese Plattform aufmerksam, und wir begannen, damit herumzuprobieren. Wir recherchierten und erfuhren schnell, dass ChatGPT-3 auf Daten im Internet bis September 2021 zurückgreifen konnte. Also gaben wir komplexe Fragen aus dem Geschichtsunterricht ein, wir ließen Matheaufgaben lösen, Texte auf Englisch verfassen, Gedichte und Liebesbriefe schreiben, uns Geschenkempfehlungen machen und vieles mehr. Wenn ChatGPT auf einige Fragen nicht antworten konnte oder wollte und als Antwort schrieb, es sei nur ein Computerprogramm, das keine subjektiven oder menschlichen Antworten geben könne, forderten wir das Programm einfach auf, aus Sicht oder im Stil eines bestimmten Menschen zu schreiben – und voilà, die Antwort war prompt da.

Apropos prompt, genauso heißen die Texteingaben, Aufforderungen oder Texte, die man in den kleinen Chatbalken schreibt. Prompt. Gut zu merken, denn ebenso prompt erhält man alle Antworten.

ChatGPT – ein Programm, das ebenso schlicht wie einfach erscheint und mittlerweile in aller Munde ist. Chat steht dabei für die Fähigkeit, mit Menschen zu kommunizieren. G steht für das Wort »generative«, also erzeugend, P für »pretrained«, also vorab trainiert, und T für »transformer«, was schlicht bedeutet, dass die künstliche Intelligenz von ChatGPT die empfangenen Inhalte übersetzt oder in eine Antwort auf die gestellte Frage umwandelt, also transformiert. Übrigens macht auch ChatGPT von Zeit zu Zeit Fehler und gibt Daten möglicherweise nicht komplett korrekt wieder. Das menschliche Denken – das sei schon an dieser Stelle mit Nachdruck vermerkt – wird also nicht gänzlich ersetzt.

Mittlerweile kann man mit ChatGPT übrigens auch sprechen und Dialoge führen, ähnlich, wie wenn man sich Sprachnachrichten bei WhatsApp & Co. hin- und herschickt.

Es ist vermutlich für den größten Teil der Bürgerinnen und Bürger unseres Landes noch immer schwer vorstellbar, dass es Computerprogramme gibt, die quasi selbstständig dazulernen, einfach dadurch, dass man sie mit Informationen »füttert«.

Auch der Chatbot (eine Anwendung, die KI verwendet, um sich mit Menschen sozusagen in ganz normaler Sprache zu unterhalten) ChatGPT lernt seit November 2022 in einem atemberaubenden Tempo dazu und wird von seinen Machern immer weiterentwickelt. Aus der Version ChatGPT-3 wurde im März 2023 ChatGPT-4. Diese Version baut auf ChatGPT-3 auf, ist somit dessen Weiterentwicklung und ist beispielsweise über die Suchmaschine Bing kostenfrei erreichbar, der exklusive Zugang bedarf einer Anmeldung und kostet rund 20 Euro pro Monat.

Die größten Unterschiede zwischen den beiden Versionen sind wohl die Leistungs- und die Anwendungsfähigkeit. Durch einen deutlich größeren Datenzugriff ist ChatGPT-4 in puncto komplexer Schlussfolgerungen, hinsichtlich der Kreativität in der Texterstellung sowie in der Problemlösefähigkeit verbessert worden. Der Kontext eines Gesprächs kann zum Beispiel noch besser verstanden werden, und der Chatbot kann somit noch genauere Antworten geben.

Wenn Sie, liebe Leserin, lieber Leser, noch nie mit ChatGPT herumgespielt, kommuniziert oder gearbeitet haben, sind diese Beschreibungen eventuell nur schwer nachvollziehbar. Ich gebe Ihnen daher im Folgenden einmal ein kurzes Beispiel für die Nutzung von ChatGPT.

Bewusst habe ich in diesem Buch auf ein klassisches Vorwort verzichtet, weil ich ChatGPT gebeten habe, ein Vorwort aus Sicht eines Menschen zu schreiben, dem digitale Ethik wichtig ist.

Folgende Frage habe ich in den Chat gestellt beziehungsweise folgenden Prompt habe ich eingegeben:

> *»Silke Müller veröffentlichte 2023 bei Droemer Knaur den Bestseller ›Wir verlieren unsere Kinder‹. Nun schreibt sie ein neues Buch ›Wer schützt unsere Kinder? – Wie künstliche Intelligenz Familien und Schule verändert und was jetzt zu tun ist‹.*
> *Schreibe dafür ein kurzes Vorwort aus Sicht eines Menschen, dem digitale Ethik wichtig ist.*
> *Das Vorwort sollte nicht länger als eine Buchseite sein.«*

Folgenden Vorschlag erhielt ich innerhalb von nur einer Minute:

> *»In der rasanten Welt der Technologie, in der wir heute leben, sind Fortschritte nicht nur aufregend, sondern auch beängstigend. Silke Müllers letztes Buch ›Wir verlieren unsere Kinder‹ hat uns eindringlich darauf hingewiesen, wie technologische Entwicklungen, insbesondere künstliche Intelligenz, die Beziehung zwischen Kindern, Familien und Bildungseinrichtungen beeinflussen. Mit ›Wer schützt unsere Kinder?‹ setzt Müller diese wichtige Diskussion fort und lenkt unseren Blick darauf, was wir in dieser neuen Ära des Lernens und der Interaktion tun müssen.*
> *Als jemand, dem digitale Ethik am Herzen liegt, begrüße ich diese fortlaufende Reflexion. Künstliche Intelligenz hat das Potenzial, Bildung und Erziehung zu revolutionieren, doch dabei dürfen wir nie vergessen, dass diese Werkzeuge ethisch und mit Bedacht eingesetzt werden müssen. Es ist unsere Pflicht als Gesellschaft, sicherzustellen, dass wir Technologie zum Wohle*

> *aller nutzen und gleichzeitig die Werte und Prinzipien bewahren, die uns am meisten bedeuten.*
> *Müller fordert uns alle heraus, über unsere Rolle in dieser digitalen Revolution nachzudenken und proaktiv zu handeln. Dieses Buch ist nicht nur eine Lektüre für Eltern und Lehrer, sondern für jeden, der an einer besseren und ethischeren Zukunft für unsere Kinder interessiert ist. Ich lade Sie ein, sich dieser wichtigen Diskussion anzuschließen und zusammen nach Lösungen zu suchen, die unsere Kinder in einer digitalen Welt schützen und stärken.*
> *[Ihr Name]«*

Böse unterstellt hätte nun die Person, die ich möglicherweise um das Verfassen eines Vorworts gebeten hätte, eine ähnliche Frage in den Chat eingeben können und hätte am Ende nur noch ihren Namen daruntersetzen müssen. (K)eine geistige Leistung eines Menschen innerhalb einer Minute.

Wie das Ganze in Echtzeit funktioniert hat, können Sie über den folgenden QR-Code nachvollziehen. Sie sehen in der Bildschirmaufnahme, was ich in das kleine Textfeld, den Chat also, eingegeben habe und in welch rasantem Tempo ich die in meinen Augen gute und vor allem orthografisch korrekte und ausdrucksstarke Antwort erhalten habe:

Wie ChatGPT & Co. Schule, Gesellschaft und Familienalltag verändern

ChatGPT liefert derzeit weltweit über 1,4 Milliarden Nutzern Antworten, Texte, Mails, Verse in Liedern, Gedichte, Anleitungen, Kochrezepte und vieles mehr. Immer fehlerfrei? Nein, auch ChatGPT macht Fehler, nennt teilweise unkorrekte Daten oder halluziniert bei Fakten. Das Überprüfen und kritische Beleuchten des Dargestellten kann also niemals ersetzt werden.

Dennoch sind die Ergebnisse, die ich bislang für meinen privaten oder beruflichen Nutzen erhalten habe, für mich nach wie vor faszinierend. Gleichzeitig ist es auch gruselig, dass ChatGPT im Oktober 2023 dann auch Bilder, die ich hochlade, sehen und interpretieren kann und wie ein Mensch Antworten auf meine Fragen laut formulieren und aussprechen kann.

Ein Bewerbungsschreiben verfassen, eine Klassenfahrt oder eine Unterrichtsstunde planen, einen Rezeptvorschlag für die Zutaten machen, die mein Kühlschrank noch hergibt, ein Kündigungsschreiben oder eine schnelle Antwort auf eine Mail verfassen, einen Elternbrief in eine andere Sprache übersetzen, einen Vorschlag für Unternehmungen auf einer Reise machen, ein Märchen für die eigenen Kinder schreiben, eine Text- oder eine Gedichtanalyse verfassen, was wir doch in der Schule alle nicht mochten – all das scheinen Herausforderungen zu sein, die plötzlich in Windeseile (ich spreche von wenigen Minuten) gemeistert werden. Der Bayerische Rundfunk berichtet Ende Mai 2023 davon, dass ChatGPT-4 das bayerische Abitur nach Korrektur erfahrener Lehrkräfte souverän bestanden habe.[2]

Kein Wunder also, dass die Bildungswelt nicht zuletzt seit der Einführung von ChatGPT immer intensiver und zum Teil auch hektischer über die Zukunft von Hausaufgaben, Klassenarbeiten & Co. diskutiert. Hierbei wird meines Erachtens viel zu selten die Frage nach dem Mehrwert von ChatGPT gestellt, und auch ein Umdenken in der Pädagogik, das dringend notwendig wäre, findet nicht wirklich statt. Unser Bildungssystem hält den Herausforderungen dieser Zeit nicht mehr stand, und das ist für mich im Blick auf die Zukunft unserer Kinder eine echte Katastrophe.

Wir Lehrkräfte werden in unserer Ausbildung, mehr noch im Berufsalltag, zu großen Teilen darauf trainiert, Leistung zu messen und dabei auf eine Vergleichbarkeit zu achten. Unsere Gesellschaft und vor allem unsere Kinder, die von der Entwicklung dieser Gesellschaft geprägt und beeinflusst werden, sind jedoch immer heterogener, haben unterschiedlichste Schwächen, Stärken und Talente. Das auf Vergleichbarkeit basierende System wird dieser Entwicklung immer weniger gerecht. Sollte es in der Schule nicht viel stärker um einen strategischen Umgang mit Schwächen als Kompetenz und um Talentförderung gehen? Damit meine ich sicher nicht die Abschaffung jeglichen Wettkampfs und des gegenseitigen Messens. Kinder fordern ein solches Messen in kleinen Wettbewerben in und außerhalb der Schule sogar ständig ein, und in meinen Augen ist es auch unglaublich wichtig zu lernen, mit einem Scheitern oder mit Niederlagen souverän umzugehen. Ich meine aber, dass wir uns gerade in der Schule an eine veraltete Auffassung klammern. An alte und damit altbekannte Lehr- und Lernwege, die über Jahrzehnte gute Dienste getan haben. Jetzt aber haben sich die Zeichen der Zeit und die Voraussetzungen verändert.

Gerade ChatGPT hält uns sprichwörtlich den Spiegel vor und befeuert eine Diskussion über Reformen des Unterrichtens, die längst hätte geführt werden müssen. Während die Schülerinnen und Schüler nicht zuletzt durch TikTok & Co. schon längst von ChatGPT erfahren haben und diese KI fleißig zur Erledigung ihrer schulischen Aufgaben nutzen, schauen viele Lehrkräfte noch zu sehr weg, nehmen die Entwicklung möglicherweise nicht ernst genug und bilden sich in diesem Bereich zu wenig fort. Hier zeigt sich die gleiche Ignoranz, die unsere Generation auch an den Tag legt, wenn es um die Veränderung der Lebenswelt unserer Kinder und Jugendlichen durch ihre Nutzung von sozialen Netzwerken geht. Diese Einstellung vieler Akteurinnen und Akteure im Bildungsbereich prangere ich sehr bewusst an, auch wenn ich dafür möglicherweise Kritik einstecken muss.

Wir Lehrkräfte sind angetreten, um die Kinder auf die Herausforderungen der Gegenwart und der Zukunft vorzubereiten. Genau das aber tun wir in diesen Zeiten der digitalen Transformation eben nicht mehr ausreichend. Wir arbeiten vielmehr vergangenheitsorientiert, weil wir glauben, es gäbe brisantere Herausforderungen als KI und soziale Netzwerke. Doch Digitales verändert Schule, verändert Familien, verändert Gesellschaft. Dieser Veränderung zu begegnen und sie für uns und die nächsten Generationen zu gestalten ist unsere Hauptaufgabe.

Künstliche Intelligenz wird dabei mehr verändern, als wir wohl bis heute wahrhaben wollen. Von Tag zu Tag verzweifle ich mehr bei dem Blick auf das dysfunktionale System Schule und die ignorante Einstellung so vieler.

Es braucht Eigeninitiative und Veränderungswillen, und zwar beides sofort.

ChatGPT ist dabei nur ein prominentes Beispiel, mit dem wir uns auseinandersetzen müssen. Niemand von uns braucht Vorkenntnisse oder ein bestimmtes technisches Know-how, um sich mit dieser Plattform zu beschäftigen und den ersten Schritt raus aus der eigenen, wenn auch oft unbewussten Ignoranz hinsichtlich der skizzierten Veränderungen zu unternehmen.

Vielleicht probieren Sie selbst nun einmal ChatGPT aus. Sie gelangen über die App OpenAI oder wie erwähnt über die Suchmaschine Bing zum Chat und können ganz einfach beginnen. Ich rate jeder und jedem von Ihnen, diesen Selbstversuch mit ChatGPT zu machen. Wollen wir mit unseren Kindern auf Augenhöhe sprechen und diskutieren, so ist es unerlässlich, sich den Entwicklungen in der digitalen Welt, die letztlich jeden angehen und betreffen, zu stellen. Möglich wird eine solche Diskussion – gerade auch über ChatGPT – in meinen Augen nur durch eigene, praktische Erfahrungen. Erst dadurch werden wir in die Lage versetzt, über den Wert eigener gedanklicher Leistungen im Vergleich mit computergenerierten, technisch hergestellten Inhalten zu diskutieren. Wir sollten einerseits über eine Verpflichtung sprechen, mit ChatGPT (oder KI allgemein) generierte Inhalte zu kennzeichnen, andererseits aber auch den großen Nutzen und die Hilfe von ChatGPT, zum Beispiel hinsichtlich der Arbeitseffizienz, mit den Heranwachsenden diskutieren.

Schon in der Welt der sozialen Netzwerke sind wir nach wie vor viel zu selten Ansprechpartner und Stütze für die Kinder und Jugendlichen. Beim Thema KI machen wir nun den gleichen Fehler. Vielleicht nutzen Ihre Kinder gerade in diesem Moment in ihrem Zimmer die Hilfe von ChatGPT, um mit den unsäglichen Mathehausaufgaben voranzukommen. Am Ende sind Sie dann, in Unkenntnis über die Nutzung dieses Hilfsmittels, mit dem Ergebnis zufrieden, und in der Schule gibt es Lob für die richtige Lösung. Ihr Sohn oder Ihre Tochter aber verlernt dabei den Wert von Wahrheit, die Möglichkeit, um Hilfe zu bitten oder schlicht nachzufragen, wenn er oder sie etwas nicht versteht.

ChatGPT sollte nicht zum immerwährenden Helfer werden, der das eigene Denken und vor allem das eigene Nachdenken und Nachfragen in den Hintergrund drängt – und zwar erneut, weil wir ignorant und desinteressiert sind. Keiner von uns Erwachsenen sollte das zulassen.

Also, los geht's: Öffnen Sie doch einfach mal ChatGPT und lassen sich das heutige Abendessen vorschlagen oder eine kurze, lustige Abenteuergeschichte über die eigene Familie verfassen, die Sie den Kindern später vorlesen. Holen Sie ChatGPT und damit KI in Ihre Mitte. Das ist der erste Schritt, um diesem zum Teil beängstigenden und überfordernden Thema bewusst zu begegnen.

Künstliche Intelligenz ist mehr als ChatGPT

Eigentlich wollte ich mich an diesem Donnerstagabend ganz bewusst nicht mit sozialen Netzwerken, ChatGPT und künstlicher Intelligenz, Schulentwicklung oder Ähnlichem beschäftigen. Auf dem Plan stand vielmehr ein gemütlicher Abend mit meinem Mann inklusive eines leckeren Essens sowie ein Videocall mit Freunden, die sich eine sonnige Auszeit im Ausland gönnten. Während meine Gedanken also um die Auswahl des richtigen Rezepts kreisten, bekam ich plötzlich eine Nachricht von einem guten Freund, der wusste, dass ich mich für mein neues Buch intensiv mit dem Thema KI beschäftigte. Er schrieb, dass er mir gerne einen kurzen Einblick in eine für ihn neue Seite geben wolle, auf der es um Bilder gehe, die mittels künstlicher Intelligenz erzeugt würden. Da meine Neugier bei diesem Thema immer sehr schnell geweckt ist, verabredeten wir uns kurzfristig zu einem Videocall nach meinen Kochvorbereitungen.

Gesagt, getan. Ich bereitete das Essen vor, mein Mann kam nach Hause, und nachdem ich ihm erzählt hatte, dass wir uns vor dem Essen noch kurz virtuell mit unserem Freund treffen würden, schenkte er uns ein Gläschen Wein ein, wir setzten uns gemeinsam vor den Laptop und waren gespannt, was uns unser Freund zeigen würde.

Das, was uns dann in den nächsten 15 Minuten präsentiert wurde, zog uns ehrlich gesagt den Boden unter den Füßen weg und schockierte uns zutiefst.

Unser Freund gab uns einen Einblick in die Kunstplattform CivitAI, auf der Menschen Kunstwerke, die sie mittels künstlicher Intelligenz erstellt haben, hochladen können, um sie so mit anderen Künstlerinnen und Künstlern zu teilen. Hierbei kann es sich um abstrakte Kunst, um Fantasie- und Fabelwesen, aber auch um Porträts oder Bilder handeln, die wie echte Fotografien wirken. Bilder, die nur dadurch entstanden sind, dass Texte in ein bestimmtes Programm eingegeben wurden, wobei die Ergebnisse tatsächlich wie täuschend echte Fotos oder wie das Kunstwerk eines berühmten Malers wirken, ohne dass jedoch ein Pinsel oder eine Kamera zum Einsatz gekommen sind.

Sehr schnell entdeckten mein Mann und ich unter den KI-generierten Kunstwerken auch verpixelte Bilder, die augenscheinlich einer Altersbeschränkung unterlagen. Durch das Klicken auf das Bild und eine Bestätigung der Kenntnisnahme dieser Altersbeschränkung wurden die Bilder dann aber sehr schnell sichtbar. Wie fast zu erwarten handelte es sich hierbei um pornografische Darstellungen: Vor uns eröffneten sich also Bilder von barbusigen Frauen und unbekleideten Männern in unterschiedlichsten pornografischen Posen, die uns angesichts ihrer Exaktheit in Erstaunen versetzten, die wegen der Perversion des Gezeigten aber teilweise auch abstoßend wirkten. Es erstaunte uns dabei sehr, wie täuschend echt die Darstellungen von Menschen waren, die letztlich »nur« mittels künstlicher Intelligenz kreiert wurden.

Wir erfuhren, dass die angemeldeten Nutzer auf CivitAI

unter verschiedenen Modellen, also Bildern in einer bestimmten Darstellung, wählen, das gewünschte Modell herunterladen und mittels eines auf dem lokalen Rechner installierten Bildergenerierungsprogramms Bilder im ähnlichen Stil oder mit gleich aussehenden Menschen wie im Modell, nun aber in anderen Situationen, durch künstliche Intelligenz erstellen lassen können. Sehr verkürzt gesagt, gibt man dafür seine Bildbeschreibung in bestimmte Textfelder im Programm ein. Auch diese nennt man dann Prompts. Die Prompts werden von der KI ausgelesen, und am Ende entstehen neue Bilder im gleichen Stil des Modells oder mit den gleichen Merkmalen einer Person – wie beispielsweise Geschlecht, Alter, Statur oder ethnischer Hintergrund –, die im Modell dargestellt wurde. Wie schnell es dabei möglich ist, allein durch die Eingabe »junge, unbekleidete Frau« oder Ähnliches unzählige und erschreckend echt anmutende Bilder zu erzeugen, die frei verfügbar sind und auf der Plattform augenscheinlich nicht zensiert werden, machte meinen Mann und mich sprach- und fassungslos. Was durch künstliche Intelligenz an dieser Stelle jetzt schon möglich ist und was das für die Zukunft bedeuten könnte, hat uns innerlich erstarren lassen. Die Bilder, die wir gesehen haben, möchte ich nicht beschreiben. Ein Tor zur pädophilen Hölle. Zwar sind sie kreiert und keine »echten« Fotografien, aber doch täuschend echt und ohne erkennbaren Hinweis darauf, dass es sich eben nicht um einen echten Menschen handelt, der hier abgebildet ist, sondern um ein mittels künstlicher Intelligenz erschaffenes Werk. Und solche Bilder finden sich unzensiert auf einer im Netz vielfach umworbenen und empfohlenen Communityplattform.

Es wäre wohl besser gewesen, wir hätten diese Präsentation erst nach dem Abendessen gesehen, das nun nicht mehr so unbeschwert wie geplant möglich war. Trotz des nur kurzen Eindrucks, dessen Verlauf von unserem Freund im Anschluss direkt gelöscht wurde, wirkt das Gesehene und Erfahrene für mich dauerhaft nach.

Kurz nach diesem Erlebnis berichtete die *Frankfurter Allgemeine Zeitung* über Internetseiten aus Japan, auf denen kinderpornografische Bilder veröffentlicht werden, die mittels künstlicher Intelligenz hergestellt worden sein sollen. In dem Artikel heißt es: »Die Zeitung ›Yomiuri Shimbun‹ hat in einer größer angelegten Untersuchung allein im frei zugänglichen Bereich dieser Seiten fast 400 solcher Bilder gefunden, die von echten Fotos nicht zu unterscheiden seien. Die Bilder würden nackte Kinder zeigen, mit dem Hinweis, dass dies ›fiktive, von einer KI generierte Charaktere‹ seien. Sie würden von den Nutzern der Seite selbst hergestellt und könnten dann dort hochgeladen werden. In Japan ist es nicht verboten, solche Bilder zu veröffentlichen, sofern sie keine echten Kinder zeigen. Viele Zugriffe auf die Seite kommen aber aus dem Ausland.«[3]

Mir fehlen oft die Worte angesichts all der menschlichen Abgründe, die durch die Möglichkeiten des Internets und der aktuellen Technologien an vielen Stellen zum Vorschein kommen.

Als Leiterin einer digitalen Schule versuche ich, allen technischen Neuerungen erst einmal positiv gegenüberzustehen, Vorteile zu erkennen und Chancen für Gesellschaft und Schule auszuloten, gleichzeitig ist es in meinen Augen aber absolut notwendig, eine werteorientierte Diskussion über Grenzen und Gefahren und die Auswirkungen auf das menschliche Miteinander im digitalen Raum zu führen. In meinen Augen ist es unerlässlich, ein Bewusstsein für die Technologie der künstlichen Intelligenz zu entwickeln, die mittlerweile zu einer festen Größe in unserem Alltag geworden ist, ohne dass viele Menschen wirklich eine Ahnung haben, was KI eigentlich ist, wie sie funktioniert und wie sie genau eingesetzt werden kann. Andere sind möglicherweise noch nicht einmal an dem Thema interessiert, vielleicht sogar genervt, und gehen immer noch davon aus, dass es bei künstlicher Intelligenz letztlich um ChatGPT geht oder dass KI nur ein Trend ist, der schon irgendwann vorüberziehen wird. Ganz im Sinne Kaiser Wilhelms II., der sagte, dass sich das Automobil nicht durchsetzen werde und er daher weiterhin auf das Pferd setzen würde.

Gerade im schulischen Kontext erlebe ich immer wieder, dass Lehrkräfte, die sich sowieso schon durch ein Dickicht an alltäglichen Aufgaben und Herausforderungen kämpfen, mit einer klaren Ablehnungshaltung im Sinne von »Was denn noch, wann denn noch?« reagieren, wenn es um notwendige Fort- und Weiterbildungsmaßnahmen im Bereich künstliche Intelligenz und Digitales geht. Der betriebliche Mittelstand auf dem Land ist derweil mit Fachkräftemangel, bürokratischen Vorgaben, Datenschutz und Digitalisierungsaufgaben, die bei Weitem noch nichts mit KI zu tun haben, beschäftigt und belastet. Auch hier bleibt kaum Zeit und Energie, sich der Thematik zu stellen.

Vermutlich könnte jeder von Ihnen hier einen eigenen Absatz zum Umgang oder eben Nicht-Umgang mit künstlicher Intelligenz im eigenen Betrieb, in der eigenen Arbeitsstätte, aber auch im Freundeskreis, im Sportverein et cetera ergänzen.

Der Begriff künstliche Intelligenz ist durch ChatGPT zwar gefühlt in aller Munde. Wo aber stehen wir gesellschaftlich mit unserem Wissen? Welche Verantwortung trägt hier jeder Einzelne von uns? Schauen wir nur auf die Technologie oder auch auf den Menschen dahinter?

Allein die soeben geschilderten Beispiele zu künstlich erstellten, widerlichen und abstoßenden Bildern sollten ausreichend aufrütteln, um zu verstehen, dass wir uns alle dem Thema KI nicht nur technisch und anwendungsbezogen, sondern vor allem auch wertebasiert nähern müssen – völlig egal, ob aus Sicht eines Elternteils, einer Lehrkraft oder aus Sicht von Großeltern, Politikerinnen und Politikern, Arbeitnehmerinnen und Arbeitnehmern, aus Sicht der kirchlichen Einrichtungen, der Medizin oder der Wissenschaft und vielen anderen Bereichen unserer Gesellschaft.

Wir haben es in der Vergangenheit an so vielen Stellen gründlich verschlafen, Verantwortung für menschengemachte Entwicklungen zu übernehmen. Das beste Beispiel sind und bleiben dabei die sozialen Netzwerke: Hier haben wir es versäumt, klare moralische und werteorientierte Richtlinien sowie politisch definierte Grenzen für einen friedvollen und menschlichen Umgang miteinander festzulegen. Überall, wo Menschen miteinander in Interaktion treten, gibt es doch eigentlich Richtlinien, Regeln, Gesetze und Vorgaben. Im Straßenverkehr ist alles geregelt, damit Menschen sich sowohl zu Fuß als auch auf dem Fahrrad, dem Motorrad oder dem Pkw möglichst sicher von A nach B bewegen können, ohne sich gegenseitig in Gefahr zu bringen. Damit eine eindeutige Identifizierbarkeit möglich ist, besitzen Autos zudem Nummernschilder. Große Unternehmen erstellen seitenweise Compliance-Handbücher, und in vielen Klassenzimmern hängen Plakate mit Gesprächsregeln und mit Verabredungen für ein gutes Miteinander im Klassenverband.

Da der Einfluss der künstlichen Intelligenz auf die menschliche Interaktion wahrscheinlich sogar größer sein wird, als wir bislang ahnen, braucht es auch hier dringend Schutz. Schutz für unsere Gesellschaft, insbesondere aber für unsere Kinder.

Mitnichten soll es dabei um eine Verteufelung von künstlicher Intelligenz gehen, aber wir müssen ehrlich miteinander sein: Es geht darum, ein Alarmsignal zu senden, das uns alle erreichen muss. Ein Alarm, der vielleicht noch schneller und massiver sein muss als jener, der auf die Gefahren in sozialen Netzwerken hingewiesen hat.

Wir können die Vorteile und großen Chancen, die diese Technologie für viele, möglicherweise für alle Bereiche unseres Lebens mit sich bringen könnte, nur dann wirklich zu unserem Vorteil nutzen, wenn wir Gefahren und die dunklen Seiten eindeutig benennen, wenn wir ihnen ins Auge sehen, um sie letztlich zu zähmen.

Die Realität ist eben nicht nur schwarz und weiß, sondern facettenreich und bunt. Und auch die künstliche Intelligenz hat ihre bunten Seiten. Indem in diesem Buch auch immer wieder Menschen aus meinem persönlichen Umfeld zum Thema zu Wort kommen, gelingt es hoffentlich, den Begriff KI ein wenig nahbarer zu machen, ihn in die gesellschaftliche Mitte zu holen, um vielleicht ein kleines bisschen dabei zu helfen, der gefühlten Spaltung zwischen den Menschen, die sich mit der neuen Technologie auskennen, und jenen, die sich komplett abgehängt fühlen, entgegenzuwirken. Wir alle sollten ein Verständnis für die Möglichkeiten und Auswirkungen entwickeln, die der Einsatz künstlicher Intelligenz mit sich bringt, sowie das Bewusstsein dafür, dass wir alle in der Verantwortung sind, diese neue Technologie als »Mitglied der Gesellschaft« zu begreifen. Wir müssen verstehen, dass KI bleiben wird und wir uns mit dieser Technologie werteorientiert auseinandersetzen müssen, um zumindest ansatzweise vorbereitet und geschützt zu sein. Gleichzeitig aber auch, um die Vorteile, Chancen und kreativen Seiten von KI nutzen und anwenden zu können.

Die Rolle der Schule im Umgang mit künstlicher Intelligenz

Um zu verstehen, warum Schule insbesondere auch hinsichtlich eines Grundverständnisses für künstliche Intelligenz eine Rolle spielen muss, braucht es einen kritischen Blick auf den schulischen Alltag des Lehrens und Lernens.

Eines eint uns generationsübergreifend: Jede und jeder von uns hat mehr oder minder erfolgreich eine Schule besucht. Wir sind alle morgens mehr oder weniger gut gelaunt in unsere Klassenzimmer gegangen, fanden Lehrerinnen und Lehrer klasse oder doof. Wir erinnern uns an Klassenfahrten, Ausflüge, vielleicht sogar an einzelne Unterrichtsstunden. Wir alle kennen unser Schulsystem vermeintlich in- und auswendig, was dazu führt, dass wir neben den sprichwörtlichen 80 Millionen Bundestrainerinnen und -trainern auch 80 Millionen Bildungsexpertinnen und -experten in diesem Land haben.

Auf einer persönlichen Erfahrungsebene kennen wir Schule gewiss. Wir alle haben unsere Schulzeit sicher sehr individuell erlebt und dazu viele unterschiedliche Erinnerungen behalten. Eines aber nehmen wir dabei aus meiner Sicht als zu selbstverständlich und nicht als die große Errungenschaft wahr, die es ist: Egal, wie positiv oder hin und wieder auch negativ diese subjektiven Erinnerungen auch sein mögen, so wurden wir doch alle durch die Zeit in der Schule befähigt, zu lesen, zu schreiben und zu rechnen. Sicher hat das – ähnlich wie bei mir – nicht unbedingt dazu geführt, dass beispielsweise Mathe zum Lieblingsfach wurde. Allerdings wurden wir durch die verbindliche Schulpflicht, unabhängig von guten oder schlechten Noten und unabhängig von der Art des Bildungsabschlusses, letztlich alle dazu befähigt, an der Gesellschaft und am Wissen einer Kultur teilzuhaben.

Prof. Dr. Michael Kerres, Inhaber des Lehrstuhls für Mediendidaktik und Wissensmanagement der Universität Duisburg-Essen, schreibt zu den so wichtigen Kompetenzen und Kulturtechniken, die in der Schule vermittelt werden: »Lesen, Schreiben, Rechnen: Dies sind Fertigkeiten, die oft als elementare Kulturtechniken bezeichnet werden, um am Wissen einer Kultur partizipieren zu können. Sie werden als Bestandteile einer Grundbildung verstanden, wie sie die UNESCO-Definition von 1978 anführte. Die Fähigkeit, mit dem Computer und digitalen Medien umzugehen, wird in manchen Publikationen als neue Kulturtechnik bezeichnet, um den Rang dieser Kompetenz in der bildungspolitischen Diskussion hervorzuheben.«[4]

Am Wissen einer Kultur zu partizipieren und mit Medien jeglicher Art souverän umgehen zu können, bedeutet auch Teilhabe an der Gesellschaft. Heruntergebrochen auf das alltägliche Leben bedeutet das wiederum, dass man einen Beruf erlernt und ausübt, in einer behördlichen Formularbürokratie besteht und vor allem den eigenen Alltag gestaltet. Kochrezepte, Zeitschriften, Bücher oder Posts im Internet lesen, einen Lottoschein ausfüllen, Briefe, Mails und Nachrichten schreiben, Auto fahren, das Kinoprogramm lesen, den Preis auf dem Etikett des Kleidungsstücks erkennen und überschlagen, ob es noch ins monatliche Budget passt – all das können wir, weil wir die fundamentalen Kulturtechniken Lesen, Schreiben und Rechnen in der Schule gelernt haben und wie selbstverständlich anwenden.

Wie wenig denken wir darüber nach, dass dies einer der großen Erfolge von Schule ist: Teilhabe.

Sicher darf man auch andere Fächer, die in der Schule auf dem Stundenplan stehen, nicht außer Acht lassen: Natürlich sind ein geschichtliches und naturwissenschaftliches Grundverständnis ebenso wichtig und bedeutend für diese Teilhabe an der Gesellschaft und das Meistern diverser alltäglicher Herausforderungen. Am Ende hängt aber alles mit der Fähigkeit zusammen, lesen, schreiben und rechnen zu können. Genau diese drei Kompetenzen befähigen uns, uns Sachverhalte zu erschließen und über sie nachzudenken.

Schule in der Form, wie wir sie kennen, hat jahrzehntelang gute Dienste für den Kompetenzaufbau und die Vermittlung der benannten Kulturtechniken getan. Allerdings hält das System, das in seiner Form etwa zweihundert Jahre alt ist und eigentlich auf die Ansprüche in Zeiten der Industrialisierung ausgelegt war, den Herausforderungen unserer Gegenwart und der nahenden Zukunft nicht mehr stand.

Um es auf den Punkt zu bringen: Unser System Schule funktioniert nicht mehr. Wir können Kinder und Jugendliche mit den bestehenden Strukturen nicht mehr ausreichend auf die Herausforderungen und Probleme der Gegenwart und schon gar nicht auf die der Zukunft vorbereiten. Machen wir so weiter und stellen nicht alles endlich auf den Prüfstand, kommt es nicht schnellstmöglich zu einer kompletten Überarbeitung des Systems Schule, dann gehen wir fahrlässig mit dem wichtigsten Gut unserer Gesellschaft um. Kinder sind der größte Schatz und Garant für die Zukunftsgestaltung. Künstliche Intelligenz wird alles bisher Bekannte beeinflussen – wenn nicht gar auf den Kopf stellen –, und davor dürfen weder Familien noch Schulen und schon gar nicht die Politik die Augen verschließen.

Die viel beschworene digitale Transformation, also der Wandel unserer in vielen Bereichen von digitalen Technologien durchzogenen und immer abhängigeren Gesellschaft, stellt das System Schule bereits seit über 15 Jahren auf den Prüfstand. Doch auch im Jahr 2023 wird noch längst nicht in allen der über vierzigtausend deutschen Schulen digital gearbeitet.

Die Diskussion um die richtige Vermittlung einer Medienkompetenz beziehungsweise die möglicherweise dafür notwendige Einführung eines zusätzlichen Unterrichtsfachs Medienkunde bestimmt dabei viele Diskussionen in unserer Bildungsblase. Ebenso in anderen europäischen Ländern. Österreich entschied sich beispielsweise dafür, das Fach »Digitale Grundbildung« einzuführen, was aber bei Weitem nicht ausreicht, um mit den technologischen Veränderungen der Gesellschaft Schritt zu halten.

Wenn wir davon ausgehen, dass Lesen, Schreiben und Rechnen die anerkannten, elementaren Kulturtechniken sind, um am Wissen einer Kultur und an unserer Gesellschaft teilhaben zu können, stellt sich also die Frage, ob diese Kompetenzen gerade mit Blick auf einen Umgang mit künstlicher Intelligenz erweitert werden müssen. Braucht es die Kulturtechnik einer landläufig oft zu oberflächlich definierten Medienkompetenz, und wenn ja, was bedeutet diese Medienkompetenz eigentlich, die ehrlich gesagt nicht nur Kindern in der Schule vermittelt werden müsste, sondern die wir alle dringend benötigen, um in einer von digitalen Entwicklungen geprägten Welt zu bestehen.

Kommunikation, Sozialisation und Charakterbildung finden längst auch in den sozialen Netzwerken statt, werden dort erlernt, erprobt und verändert. Sich Wissen bei Google & Co. anzueignen ist mittlerweile ebenso Alltag, wie durch YouTube-Tutorials Hilfe für alltägliche Fragen zu finden oder sich einen Urlaub auf der Plattform eines Reiseanbieters im Netz zu buchen. Von Onlineshopping ganz zu schweigen.

Bedeutet Medienkompetenz nun nur das Anwenden von Programmen und Softwarelösungen, oder ist es ebenso notwendig, die Technik hinter den digitalen Prozessen zu verstehen? Beides kann nicht der Weisheit letzter Schluss sein. Schließlich musste man – mal ganz banal ausgedrückt – früher auch nicht verstehen, wie ein Fernsehapparat, ein CD-Spieler oder Kassettenrekorder technisch funktioniert, um diese

Geräte kompetent bedienen zu können. Vielmehr ging es doch eher um den Weg des Transportierens einer Nachricht, einer Information oder schlicht um Unterhaltung, die wir als Konsumentinnen, Hörer oder Leserinnen in erster Linie empfangen, einordnen und bewerten mussten.

Es geht hier eben nicht nur darum, wie man Technik benutzt, sondern auch darum, wie man sich in einer Welt, die von Technik beeinflusst wird, verhält und lernt. Bildung bedeutet also nicht nur, was man in der Schule lernt, sondern auch das, was man im Alltag oder bei der Arbeit an Wissen dazugewinnt. Es gibt unterschiedliche Ansichten darüber, was in der Bildung wichtig ist, aber so gut wie alle Expertinnen und Experten sind sich einig, dass Computerfähigkeiten und das Verstehen digitaler Medien sehr wichtig sind. Diese Fähigkeiten sind so wichtig wie Gesundheitswissen, Wirtschaftswissen und soziale Fähigkeiten, und man sollte sie, ebenso wie diese, sein ganzes Leben lang erweitern und ausbauen.

Und nicht nur das: Es wird immer klarer, dass man diese digitalen Fähigkeiten auch braucht, um bei wichtigen Entscheidungen in der Gesellschaft mitreden und mitmachen zu können. Deshalb wird auch von »digitaler Bürgerschaft« als einem Teil der politischen Bildung gesprochen.

Beim Aufbau einer Medienkompetenz geht es also nicht darum, ob jedes Kind ein eigenes Endgerät wie Laptop oder Tablet in der Schultasche hat. Es kann ebenso wenig um die Frage gehen, wie viele elektronische Tafeln und digitale Monitore in den Klassenzimmern und auf den Gängen der Schulen hängen. Der Digitalpakt, der für eine bessere Ausstattung sorgen sollte und sicher auch an vielen Orten gesorgt hat, wurde zum Ende seiner Laufzeit nicht komplett abgerufen, die Nachfolge dieses Paktes steht im November 2023 noch in den Sternen. Ein Armutszeugnis, was das Fundament einer technischen Ausstattung angeht, insbesondere mit Blick auf administrative

Folgekosten. Aber nun gut. Letztlich darf der Fokus eben nicht nur auf dieser sicher notwendigen Ausstattung liegen, sondern es muss verstanden werden, dass es im Grunde um eine Haltung geht. Es braucht das klare Bekenntnis, dass Schule in erster Linie dafür verantwortlich ist, die Schülerinnen und Schüler auf die Herausforderungen dieser Zeit und vor allem auf die der Zukunft vorzubereiten.

Seit Beginn der geschichtlichen Aufzeichnungen von Schulentwicklung hat sich dieser Gedanke, auf die Zukunft hinzuarbeiten, nie verändert. Allerdings kann einen das Gefühl beschleichen, dass gerade in Zeiten wie unseren, in denen künstliche Intelligenz nicht nur sprichwörtlich vor der Tür steht, sondern bereits unmerklich begonnen hat, alles und jeden Bereich unserer Gesellschaft zu durchdringen und zu beeinflussen, in den Schulen eben nicht nach diesem Grundverständnis gehandelt wird. Vielmehr erscheint es mir, als würden wir zwar einerseits mutig Türen und Fenster der Schulen öffnen, um den Blick nach draußen zu wagen, um dann allerdings mit einem »Huch, das ist ja die Welt« erschrocken zurückzuweichen, die Fenster und Türen von innen zu »verrammeln« und weiterzumachen wie bisher.

Das aber, liebe Leserinnen und Leser, können und dürfen wir uns nicht leisten. Schließlich geht es um nicht weniger als die Zukunft unserer Kinder und damit um unser aller Zukunft. Oftmals werde ich an genau dieser Stelle danach gefragt, was ich denn konkret damit meinen würde und wie genau sich Schule verändern müsse.

Sicher geht es hier nicht um meinen individuellen Blick und um meine Ideen, denn im Bildungsbereich werden schon sehr lange Diskussionen dazu geführt, wie Bildung in einer digitalen Welt aussehen und wirken muss. In Niedersachsen beispielsweise führte das Kultusministerium zuletzt das Pflichtfach Informatik ein, was die Expertinnen und Experten der

Ständigen Wissenschaftlichen Kommission (SWK) der Kultusministerkonferenz für das Schuljahr 2024/25 für alle Bundesländer einfordern. Über die Qualität und die Wirksamkeit dieser Maßnahme lässt sich dabei an dieser Stelle sicher noch nicht angemessen und seriös urteilen.

Gefühlt finden diese Diskussionen allerdings in einer Blase mit den immer gleichen Akteurinnen und Akteuren statt, während die große Masse der Verantwortlichen im Bildungsbereich den Wind einer notwendigen Veränderung mit Blick auf den Einfluss und die Veränderungskraft der Digitalisierung eben nicht spürt. Das wiederum empfinde ich als großes Problem.

Denn weder die intensivsten Diskussionen unter Medienpädagoginnen und -pädagogen noch tiefgreifende wissenschaftliche Abhandlungen nützen wirklich etwas, wenn wir nicht endlich erkennen, dass es längst fünf nach zwölf ist. Die breite Gesellschaft bekommt von all diesen Diskussionen zudem kaum etwas mit. Möglicherweise aus Desinteresse, vielleicht aber auch, weil wir immer noch nicht erkannt haben, dass es um eine gesamtgesellschaftliche Aufgabe geht. Es geht um eine gemeinsame Kraftanstrengung, mit der sich sowohl Schule als auch Elternhäuser, Großeltern, Jugendeinrichtungen, Behörden, Unternehmen, Psychologinnen und Therapeuten und so viele mehr schnell kompetent machen müssen. Der Umgang mit künstlicher Intelligenz in Bezug auf ihre Möglichkeiten, aber auch hinsichtlich ihrer Gefahren, muss auf breiter Ebene erlernt werden.

In puncto Digitalisierung herrscht jedoch, vielleicht sogar weltweit, große Verunsicherung vor. Im Sinne des Bildes der drei Affen »Nichts hören, nichts sehen, nichts sagen« versuchen wir, uns dieser Verunsicherung zu entziehen. Das kann und darf aber so nicht sein. Dafür ist die Welle der Veränderung, die gerade immer schneller und mächtiger auf uns zurollt, einfach zu groß. Für die Schule bedeutet das, dass es nicht mehr darum gehen darf, ob und wie wir Einheiten zu Medienkompetenz im derzeitigen Lehrplan unterbringen, sondern dass vielmehr alle curricularen Vorgaben hinsichtlich der neuen und aktuellen Anforderungen geprüft und angepasst werden müssen, sei es mit einem eigenen Unterrichtsfach zur Medienkompetenz oder ohne.

Möglicherweise muss es zudem um das Entfrachten völlig veralteter Lehrpläne gehen sowie um das Zusammenfassen von einzelnen Fächern in Fächerverbünden. In Zeiten von ChatGPT müssen wir natürlich auch über die Veränderung einer Prüfungskultur sprechen. Klassische Klausuren haben eventuell in ihrer bisherigen Form ausgedient. Es geht um Personal, das im Bildungsbereich ebenso immer mehr fehlt wie in allen anderen Bereichen der Gesellschaft. Es geht um sozialpädagogische Unterstützung, zeitliche Ressourcen und das Anerkennen, dass Schule wegmuss von der ewigen Leistungsmessung anhand der Vergleichbarkeit durch bepunktete Klassenarbeiten. Schule muss für Zeiten wie diese fröhliche und selbstbewusste Persönlichkeiten hervorbringen, die mutig und neugierig sind, zuverlässig, empathisch und hilfsbereit, die Verantwortung übernehmen und die vor allem kritisch denken. Dafür braucht es in erster Linie Möglichkeiten, selbstwirksam und entdeckend zu lernen.

Natürlich fordern auch Kinder Wettbewerb ein und wollen sich messen. Unsere Generation aber führt Diskussionen über die Abschaffung von Bundesjugendspielen und ähnlichen Wettkämpfen, weil es Kindern angeblich nicht zugemutet werden kann, sportlich verglichen zu werden. Manchmal frage ich mich wirklich, an welchen Stellen wir im Denken und in unseren Ansichten so falsch abgebogen sind. So nehme ich das auf jeden Fall wahr. Hat man zu diesen Entscheidungen Schülervertretungen angehört und das Wort der Kinder ernst genommen? Beziehen wir Kinder in vermeintlich demokratische Prozesse selbstwirksam ein und geben ihnen das Gefühl, mitgestalten und vor allem mitbestimmen zu können?

Als starke Persönlichkeit muss man mit Niederlagen sicher ebenso umgehen können, wie man angemessen und empathisch mit Erfolg umgehen muss. Scheitern will genauso gelernt sein wie der moralisch gute Umgang mit einem großartigen Sieg. Damit ist jedoch nicht die defizitäre Vergleichbarkeit wie jene durch das Erteilen von Noten gemeint.

Spreche ich mit meinem Mann, inwiefern für ihn als selbstständigem Unternehmer im familiären Mittelstand bei der Mitarbeitersuche Zeugnisse aus der Schulzeit eine Rolle spielen, höre ich meist: »Noten interessieren mich im Grunde nicht, ich möchte wissen, *wer* da eigentlich vor mir sitzt.« Und er ist sicher nicht der einzige Unternehmer, der das so sieht. Im Grunde höre ich von niemandem aus der freien Wirtschaft mehr, dass eine Schulnote entscheidend für eine berufliche Qualifikation oder eine Einstellung ist. Vielmehr geht es um Charakter, Manieren, digitale Kompetenzen, um ein selbstbewusstes, freundliches Auftreten, um Teamfähigkeit und um die Motivation, Neues lernen zu wollen.

Nur in der Schule, in unserer charmanten Ruinenverwaltung, glauben wir Lehrkräfte und Schulleitungen leider noch immer sehr fest daran, dass Schulnoten ein entscheidendes Kriterium für den zukünftigen Lebensweg unserer Schülerinnen und Schüler sein werden. Ich kritisiere hier sicher nicht, dass Leistung eine zu große Rolle spielt. Nur der Weg, wie wir Leistung messen und vor allem zu Leistung motivieren, ist möglicherweise eben nicht mehr der richtige.

Es braucht also deutlich mehr offene Türen und Fenster, durch die »die echte Welt«, also jene außerhalb der geschützten Schulmauern, in den Dialog über die Zukunft unseres Bildungssystems gelangen kann. Um hier allerdings voranzukommen, braucht es eine gemeinsame Kraftanstrengung aller Mitglieder unserer Gesellschaft. Möglicherweise ist es genau die Schulzeit, die entscheidend sein wird, wie wir die nächsten Generationen befähigen, mit all den Krisen und Herausforderungen der Gegenwart und Zukunft umzugehen.

Erlauben Sie mir an dieser Stelle abschließend auch einen sehr kritischen Blick auf die föderale Struktur des Bildungssystems in unserem Land.

Als Demokratin erachte auch ich den Föderalismus selbstverständlich als wichtig, um die Demokratie zu stärken, politische Willensbildung zu unterstützen, Pluralismus zuzulassen und vor allem, um durch die Gewaltenteilung unerwünschte Machtanhäufung oder -ausübung zu verhindern. Politische Macht und die Verantwortungsbereiche werden so auf verschiedene Ebenen aufgeteilt, was sicher zu vielfältigeren Entscheidungsmöglichkeiten führt, die die Bedürfnisse der Bürgerinnen und Bürger berücksichtigen. Mir ist auch sehr bewusst, dass der Föderalismus in Deutschland im Grundgesetz festgeschrieben und mit der sogenannten Ewigkeitsklausel abgesichert ist.

Während wir politisch und gesellschaftlich mit globalen Herausforderungen konfrontiert sind und uns Pandemie, Klimakrise, Entwicklungen der sozialen Netzwerke, Datenschutz, Cyberkriminalität, der Krieg in der Ukraine, der Nahostkonflikt, die digitale Transformation und insbesondere auch künstliche Intelligenz vor unsagbare Herausforderungen stellen, halten wir weiterhin am Föderalismus des Bildungssystems fest. Weil »es immer so war« und festgeschrieben ist. Doch darf das eine Begründung sein, wenn uns die genannten Herausforderungen mit existenziellen Fragestellungen konfrontieren? Die aktuellen Zeiten sind eben völlig andere als jene, die hinter uns liegen. Digitale Veränderungsprozesse und künstliche Intelligenz werden dabei alles bislang Festgeschriebene zum Wanken bringen, ob wir das wahrhaben wollen oder nicht.

Wir sollten daher endlich aus dem »Dornröschenschlaf« unserer verwöhnten Gesellschaft aufwachen und ins Handeln kommen. Sechzehn verschiedene Bildungspläne, zig verschiedene Einzelschulsysteme innerhalb eines Bildungssystems, 16 Datenschutzgrundverordnungen (genauer 17, zählt man die Bundes-DSGVO hinzu) und vor allem nun auch 16 Richtlinien für den Umgang mit künstlicher Intelligenz sowie ChatGPT in der Schule sind aus meiner Sicht eher hemmend als beschleunigend. Angesichts all der Krisen und der rasanten Entwicklung von künstlicher Intelligenz aber haben wir keine Zeit zu verlieren, Veränderungsprozesse müssen in einem hohen Tempo vorangebracht werden. Dazu braucht es aus meiner Sicht eine gemeinsame Kraftanstrengung und nicht ein Verlieren im sprichwörtlichen Klein-Klein.

Doch die Schule allein wird all diese Herausforderungen nicht lösen können. Wir tragen gleichzeitig auch eine gesellschaftliche Verantwortung. Es braucht eine Souveränität für alle, was bedeutet, dass wir uns dem Thema künstliche Intelligenz auch dann stellen müssen, wenn wir eigentlich glaubten, uns damit nicht beschäftigen zu müssen. KI wird genauso wie die Digitalisierung nie mehr aus unserem Leben verschwinden, sondern wird ganz im Gegenteil jede und jeden von uns betreffen. Ob wir das wollen oder nicht. Wir können uns aber nur dann sicher und unbeschwert in dieser zunehmend digitalen Welt bewegen, wenn wir dafür das entsprechende Rüstzeug haben. Der erste Schritt dazu könnte vielleicht dieses Buch sein, in dem es nicht um Technik und Wissenschaft geht, sondern vielmehr um ein einfaches Verständnis, was KI eigentlich ist. Es geht darum, Ängste hinsichtlich der künstlichen Intelligenz ernst zu nehmen, Gefahren zu erkennen, aber auch Chancen zu sehen.

Wenn der besagte Wind der notwendigen Veränderung nur ein laues Lüftchen ist, werden wir die Segel nie neu setzen können.

Eine Erfolgschance: Individueller und personalisierter lernen mit KI

Wie ich im Buch schon erwähnt habe, ist es aus meiner Sicht bei einem für viele noch neuen, teilweise irritierenden und vielleicht sogar Angst machenden Thema wie künstliche Intelligenz unbedingt notwendig, verschiedene Sichtweisen kennenzulernen. Erst so kann ein Bild über KI entstehen, und wir können ganz ohne hochtrabende Wissenschaft am Abendbrottisch, in der Pause im Betrieb oder im Lehrerzimmer über das Thema sprechen. So können wir uns austauschen, uns eine Meinung bilden, gegenseitig Ängste abbauen, Kompetenzen aufbauen und uns ein zumindest oberflächliches Wissen über KI aneignen.

Gerade wir Lehrkräfte müssen erkennen, dass es bei all den Entwicklungen und Herausforderungen unserer Zeit nicht mehr darum gehen kann, selbst alles Wissen dieser Welt zu haben und weiterzuvermitteln. Vielmehr ist es wichtig, starke Partner zu gewinnen, Allianzen zu bilden und Expertinnen und Experten für bestimmte Sachverhalte in die Schule einzuladen. Das gilt gerade auch, wenn es um künstliche Intelligenz geht. Die digitalen Entwicklungen, die es ermöglichen, ebensolche Expertinnen und Experten etwa per Videokonferenz zuzuschalten, sind hierbei ein großer Gewinn, die einen Besuch im Klassenraum oder auch auf Lehrerkonferenzen sehr unkompliziert machen.

Wir müssen von- und miteinander lernen, und zwar immer

und überall. Die größte digitale Weiterbildungsplattform für Lehrkräfte ist dabei die Plattform Fobizz. Mehrere Hunderttausend Lehrkräfte aus Deutschland, aber auch aus Österreich und der Schweiz bilden sich dort auch zum Thema künstliche Intelligenz weiter.

Die mehrfach ausgezeichnete Fobizz-Gründerin Dr. Diana Knodel ist eine Expertin für KI, die dieses Thema leicht verständlich erklärt und dabei auch die Notwendigkeit benennt, dass sich die Schule, aber eben auch die Gesellschaft dringend fit machen müssen im Umgang mit KI, wenn sie den Kindern Begleitung und Vorbild sein wollen. Als CEO von Fobizz prägt sie seit Langem diesen Bereich und ist auch in unserer Waldschule mit ihrem Team ein wichtiger Pfeiler in der Fort- und Weiterbildung der Lehrkräfte, insbesondere wenn es um Digitalisierung geht. Da sie und ihr Team mit dem Aufkommen von ChatGPT erkannt haben, wie bedeutend KI für die Gesellschaft und insbesondere für die Bildung sein kann, arbeiten sie momentan daran, diese Technologien schnell in die Schulen zu integrieren, und zwar sowohl als praktische Werkzeuge als auch als Teil des Lehrplans.

In unserem Gespräch, aus dem nun ein Ausschnitt folgt, habe ich Diana Knodel zunächst gebeten, KI einmal ganz leicht verständlich zu erklären und dann zu erläutern, wie sie zu den Risiken von KI, wie etwa Deepfakes und Manipulationen steht. Wenn Sie das gesamte Interview hören möchten, können Sie den folgenden QR-Code einscannen.

Dr. Diana Knodel, Gründerin und CEO von Fobizz, der größten digitalen Weiterbildungsplattform für Lehrkräfte

Künstliche Intelligenz ist im Grunde der Versuch, Computern beizubringen, wie Menschen zu denken und zu lernen. Menschen haben beeindruckende Fähigkeiten, und Computer, die zunächst über kein eigenes Denkvermögen verfügen, lernen durch Programmierung und KI, bestimmte Aufgaben auszuführen. Früher konnten sie nicht selbstständig denken, aber mit KI ändert sich das. Ein aktuelles Beispiel ist ChatGPT, eine KI-Anwendung, die große Aufmerksamkeit erregt hat, seit sie auf den Markt gekommen ist. Man stellt eine Frage, und die KI generiert eine spezifische Antwort in Echtzeit. Das Besondere ist, dass diese Antworten individuell und spezifisch für den Moment der Anfrage erstellt werden. Diese Fortschritte bei KI-Anwendungen sind so beeindruckend, dass man oft nicht mehr unterscheiden kann, ob eine Antwort von einem Menschen oder einem Computer stammt.

Wie jede Technologie hat KI ihre positiven und negativen Seiten. Es ist zentral, die damit verbundenen Ängste und Sorgen ernst zu nehmen und darüber aufzuklären. Wir müssen Wege finden, diese Herausforderungen, wie beispielsweise Deepfakes, anzugehen. Dabei ist es entscheidend, diese Themen in den Schulunterricht zu integrieren, um Medienkompetenz zu fördern und kritisches Denken zu schulen. Insbesondere da Kinder bereits Zugang zu KI-Anwendungen wie ChatGPT haben, ist es umso wichtiger, dass wir das Thema KI in der Schule besprechen und einen begleiteten Umgang damit fördern.

Angesichts der aktuellen Herausforderungen würde ich mir ein Bildungssystem wünschen, das über das traditionelle Fächersystem hinausgeht und sich stärker auf projektorientiertes und gemeinschaftliches Lernen konzentriert. Lehrkräfte sollten als Lernbegleiter fungieren, und KI kann dabei helfen, das Lernen individueller und personalisierter zu gestalten. Wichtig ist mir dabei, dass der soziale und empathische Aspekt der Schule erhalten bleibt und Schüler gemeinsam an kreativen Projekten arbeiten.

Auch für die breite Gesellschaft gibt es viele Wege, sich zu informieren. Bibliotheken und Onlinekurse sind gute Startpunkte, ebenso wie Podcasts und Bücher. Bei Fobizz bieten wir digitale Elternabende an, die auch Großeltern offenstehen. Wichtig ist, den Dialog zu suchen und bei Bedarf eigene Informationsangebote zu schaffen.

Ohne geht nicht: KI-Kompetenz als Zukunftschance

Wie oft habe ich mir in den vergangenen Monaten, vielleicht auch besonders seit ChatGPT Ende 2022 die Welt erobert hat, die Frage gestellt, was künstliche Intelligenz mit uns macht. Ich beklage, dass wir Erwachsenen uns zu großen Teilen nicht eigenverantwortlich mit dem Thema beschäftigen. Gleichzeitig frage ich mich, wo wir uns überhaupt ausführlich, umfassend und vor allem unter ethischen und menschlichen Aspekten über das Thema künstliche Intelligenz informieren können. Sicher gibt es mittlerweile Unmengen an Artikeln, Büchern, Internetseiten, Podcasts und vieles mehr. Erschlägt hier die Masse, oder ist es die fehlende Motivation, weil wir gesellschaftlich nicht begreifen, dass KI uns alle angeht, oder, wie es Professor Rüdiger gesagt hat, strukturell alles verändern wird?

In den letzten Kapiteln habe ich möglicherweise mit einem sehr negativen Blick auf KI geschaut. Dazu stehe ich, und es ist aus meiner Sicht auch sehr wichtig, sich ebenjenen unbequemen Wahrheiten zu stellen. Nur wenn wir Gefahren, insbesondere für unsere Kinder und Jugendlichen, aber auch uns selbst, erkennen und einschätzen können, sind wir in der Lage, Ideen zu entwickeln, wie wir die nächste Generation schützen können. Nur so können wir erarbeiten, wie wir uns hinsichtlich der Herausforderungen, die KI – zusätzlich zu allen anderen Krisen in der Welt – mit sich bringt, stark machen können.

Was aber bringt es, wenn wir mit unseren Gedanken allein bleiben und uns nicht miteinander austauschen, uns zuhören,

Beispiele entwickeln, wie wir mit dem Thema KI souverän umgehen können? Bei Problemen miteinander zu reden – ich glaube, wir alle wissen, dass das eigentlich in jeder Lebenslage meist die Lösung bei Problemen ist, bei Anspannung, Streit und Missstimmung. Und dennoch tun wir es viel zu wenig. Bevor wir unbequeme Gespräche führen, graben wir uns eher in einer schlechten Stimmung ein, bilden vorgefertigte Urteile und lassen alles beim Alten, leben lieber mit dem Streit, mit der Missstimmung, als die Anstrengung einzugehen, uns schwierigen Gesprächen zu stellen.

Ähnliches betrachte ich im Umgang mit KI. Bevor wir uns mit dem Thema am Esstisch oder in der Firma beschäftigen, lassen wir es lieber beim bequemen »Alten«. Das aber wird nicht funktionieren. Wir alle tragen für unsere Kinder und die Gestaltung ihrer Zukunft eine große Verantwortung, der sich niemand von uns aus bloßer Bequemlichkeit heraus entziehen darf. Das bedeutet, es braucht offene Ohren, verschiedene Meinungen und einen breiten Austausch, wie wir mit KI als »Mitglied« unserer Gesellschaft umgehen wollen. Wir müssen uns fragen, wie wir in Zukunft miteinander leben wollen. Dazu müssen wir uns zuhören.

Miteinander reden, gemeinsam Gedanken austauschen, einander zuhören, Sichtweisen verstehen, sich eine Meinung bilden – all das ist für mich das Fundament, um mit komplexen Herausforderungen umgehen zu können und mit Blick auf die Kinder an einem Strang zu ziehen. In meinen Augen wird das Thema künstliche Intelligenz bislang viel zu wissenschaftlich, vielleicht zu technisch, vor allem aber eben nicht als ein Thema, das alle angeht, abgehandelt. Vielleicht schaffen wir es genau deswegen nicht, Desinteresse und Ignoranz dem Thema gegenüber abzulegen. Doch im Grunde sollten wir auch bei diesem Thema unterhaltsam und menschlich agieren. Vielleicht wie in einer guten Talkshow, der man gern zuhört.

Auf meiner Reise durch das facettenreiche Thema habe ich daher Menschen aus meinem Umfeld gefragt, wie sie mit dem Thema KI umgehen. Dabei bin ich auf junge Unternehmensgründer gestoßen, für die die Nutzung von künstlicher Intelligenz vollkommen normal ist und in deren Augen die Fähigkeit, KI zu beherrschen, nicht nur die größte Chance, sondern auch die größte Kompetenz sein wird, die man vielleicht langfristig haben muss. Ich habe außerdem einen technikaffinen älteren Herrn getroffen, der ein Beispiel dafür gibt, wie man auch auf dem Dorf dafür sorgen kann, nicht abgehängt zu werden, ich habe mich mit den Geschäftsführungen bundesweiter, bekannter Initiativen unterhalten, die sich für lebenslanges Lernen und gute Bildung einsetzen, und ich habe mit einer Familie gesprochen, die sich tagtäglich mit künstlicher Intelligenz auseinandersetzen muss.

All diese Gespräche werden sicher Ihren Blick weiten und vor allem hoffentlich Ihr Interesse wecken und Sie motivieren, sich fortan auch selbst intensiver mit dem Thema künstliche Intelligenz zu beschäftigen.

Die Vorteile von KI am Beispiel von zwei Jungunternehmern

Zwei junge Menschen, mit denen ich mich gern und oft über unterschiedliche Themen unterhalte, sind Tom Schmidt und Lauren Riedel. Lauren ist der Sohn meiner besten Freundin, Tom gehört dort quasi mit zur Familie. Vor fünf Jahren, mit gerade mal Anfang zwanzig, haben die beiden mit Mut, Risikobereitschaft und unglaublich viel Fleiß ihr eigenes Modelabel »Reternity« als Start-up-Unternehmen gegründet, mit dem sie mittlerweile international erfolgreich unterwegs sind.

Start-up ist dabei noch so ein Begriff, mit dem wir uns im Alltag vielleicht zu wenig beschäftigen. Oft spielt hier, wie eben auch bei Tom und Lauren, das Thema KI eine wichtige, vor allem aber eine völlig alltägliche Rolle. Von ihrem souveränen Umgang, ihrem Blick auf die Gesellschaft können wir vermutlich eine ganze Menge lernen. Von der jungen Generation lernen – vielleicht ist das einer der Schlüssel, den wir für die Zukunft brauchen.

Wenn Sie das Gespräch in Gänze anhören möchten, scannen Sie doch einfach den folgenden QR-Code ein.

Lauren Riedel, Gründer des Modelabels »Reternity«
Wir nutzen die sozialen Netzwerke einerseits beruflich, andererseits privat. Das ist, glaube ich, einfach der Zugang zu uns selbst, zu unserem Zeitgeist. Auf der beruflichen Seite ist es der Zugang zu unserer Community, zu unseren Kunden. Die Kommunikation findet eben in den sozialen Medien am ehesten statt. Und wir wollen natürlich auch so nah wie möglich an die Kunden herantreten. Im Privatleben ist es natürlich auch der Zugang zu den Freunden, der Austausch, die Einblicke, die man in die Leben der anderen bekommt. Ich glaube, das ist das Spannende daran.

Tom Schmidt, Gründer des Modelabels »Reternity«
Wir sind in einer Zeit mit der Marke gestartet, in der es TikTok noch nicht gab. Instagram war damals das Hauptnetzwerk, Facebook flachte langsam ab. Wir haben Facebook, glaube ich, damals privat relativ viel genutzt. Aber gerade mit Instagram entwickelte sich eine andere Emotionalität

mit vielen Bildern und dann durch das Teilen von Reels. Das hat auch viel mit Kreativität zu tun. Ich glaube, Menschen können sich dort in einer Art und Weise auch selbst verwirklichen und ihr Leben einfach darstellen und Leute daran teilhaben lassen, wie ihr Leben aussieht.

Ich glaube, dass das jungen Menschen privat, aber auch uns in der Firma sehr viel gibt. Menschen zu zeigen, was wir machen, und natürlich viele Einblicke in unser Unternehmen zu geben, nur so sind wir gewachsen. Wir sind damals mit null Followern gestartet und haben uns von Anfang an gesagt, wir wollen den Leuten zeigen, was wir machen, und immer transparent sein. Was steckt hinter dem Brand, wie werden unsere Produkte gemacht? Das war seit Tag eins unser Zugang zu unseren Kunden.

Lauren Riedel

Wir sind aber nicht nur mit Freunden aus der Region verbunden. Ich weiß noch, zu den Anfangszeiten hat jeder gesagt, dass die meisten Kunden sicher aus der Heimat kommen. Das war aber nicht der Fall, denn wir wollten E-Commerce machen, online verkaufen und über die digitalen Medien Verbreitung finden.

Der Film »The Social Network« zeigt richtig gut, wie man durch die sozialen Medien den Zugang zur ganzen Welt bekommt. Und das war von Anfang an unser globaler Gedanke: groß zu werden und nicht der Local Hero zu sein.

Lauren und Tom sprechen davon, dass guter Inhalt wichtig ist, und gehen beispielhaft voran. Sie posten guten Content und sind freundlich zu allen Menschen, die sie erreichen möchten. Das eine oder andere negative Erlebnis haben sie sicher auch gehabt und dabei gelernt, wie man damit umgeht.

Was mich im Weiteren interessiert, ist, inwiefern die beiden allen Technologien gegenüber offen sind, nachdem sie so selbstverständlich den Nutzen von Social Media sowohl für den privaten als auch für den beruflichen Bereich erkannt haben.

Lauren Riedel

Ich werde den Anfang der Boomgeschichte um KI nicht vergessen. Tom war mit einem Kumpel abends etwas essen, als er sich bei mir meldete: »Wir müssen uns im Office treffen, wir müssen reden.« Er sagte mir, es werde um künstliche Intelligenz gehen. Ich war skeptisch. Also haben wir uns hingesetzt. Tom hat mir gezeigt, was ChatGPT für eine Macht besitzt. Wir haben uns gefragt, wie wir das von heute auf morgen als Vorsprung der Konkurrenz gegenüber nutzen können. Wir wussten beide, dass die künstliche Intelligenz ein wahnsinniger Wettbewerbsvorteil für uns werden könnte.

Tom Schmidt

Ich war ganz baff, als ich das erste Mal Kontakt mit ChatGPT hatte. Ich glaube, es gab auch in den letzten Jahren und Monaten viele Dinge, bei denen der Hype da war, der sich aber nicht so gehalten hat. Bei KI und ChatGPT war mir aber direkt klar, dass wir das nutzen müssen und es einfach viel verändern wird, gerade bei uns in der Kommunikation. Für alles, was Texte angeht, nutzen wir KI im großen Maße. Am Anfang haben wir uns zusammengesetzt und einen kleinen Schlachtplan überlegt. Weil wir natürlich als Start-up auch nicht die super finanziellen Mittel dazu haben, schauten wir, welche Mittel und welche Tools es schon am Markt gibt.
Alles rund um KI hat sich wahnsinnig rasant entwickelt, und jetzt versuchen wir, KI in den vielen Teilen im Unternehmen zu nutzen. Ob das im Kundensupport ist, wo wir versuchen, unsere ganzen Mails und Tickets automatisiert zu beantwor-

ten. Aber auch im Contentbereich oder auch in unseren Produktabteilungen gibt es eigentlich bei jedem großen Tool schon KI-Möglichkeiten, die die Arbeit erleichtern, vieles verselbstständigen und wo KI viele Lösungen schafft.
Ganz automatisiert läuft es noch nicht ab, weil wir noch nicht das richtige Tool gefunden haben in dem ganzen Segment, das sich in unser System einbinden lässt. Aber natürlich nutzen wir KI in vielen Bereichen, um einfache Fragen von Kunden relativ schnell zu beantworten, um Texte zu generieren, aber vor allem auch für den gesamten Mailverkehr. Zum Beispiel sind wir aktiv auf LinkedIn mit verschiedenen Mitarbeitern, wo wir unsere gesamten LinkedIn-Texte über KI schreiben lassen.

Lauren Riedel
Das Bild, das wir uns immer vor Augen führen, ist das von einem kleinen Speedboat. Wir sehen uns als Unternehmen, das möglichst lange wie ein schnelles, wendiges Speedboat agiert. Und wenn wir auf einem Kanal oder einem Fluss fahren, können wir schnell wenden, um nie eine Ausfahrt zu verpassen, um alles mitnehmen zu können und eben um sehr flexibel und schnell agieren zu können. Wohingegen ein großer Konzern der große Dampfer ist, ein Kreuzfahrtschiff, das, wenn es erst mal in so einen Fluss reinfährt, nicht so einfach wieder wenden kann. Hier wird es dann lange dauern, eine Lösung zu suchen. Wir wollen eben lange schnell, wendig und agil bleiben.

Tom Schmidt
Man muss einfach machen. Das hat auch mit dem Interesse zu tun. Unser Interesse ist es, unser Unternehmen in allen Bereichen weiterzuentwickeln. Ich glaube zudem, dass wir beide eine gewisse Affinität haben für Social Media, für

Technik, für digitale Themen. Sonst würden wir kein E-Commerce-Start-up haben. Dadurch haben wir uns mit dem Thema schnell beschäftigt und uns in die Materie hineingefressen, was, glaube ich, sehr, sehr wichtig ist, um das zu verstehen, was man tut.

Lauren Riedel

Zu Anfang haben wir uns auch die Frage gestellt: »Wollen wir das Thema KI und ChatGPT den Mitarbeitern direkt präsentieren?« Bewusst haben wir das für zwei Wochen nicht gemacht. Wir waren jetzt nicht die Erfinder davon, aber waren schon recht früh dran, von ChatGPT überhaupt zu erfahren. Und anfangs war es auch für uns noch viel Spielerei. Wir wollten nicht, dass die Mitarbeiter zu viel Arbeitszeit damit verschwenden, irgendwie nur zu schauen, wie das Wetter übermorgen wird, und um irgendwelche banalen Fragen zu stellen. Aber wir haben schnell gemerkt, dass jeder bei ChatGPT in seinem Bereich verschiedenste Anwendung findet, und haben dann auch von Anfang an die Ressourcen gestellt und Modelle, die dann auch Geld kosten. Wir waren eben bereit, das Geld dafür in die Hand zu nehmen, weil wir auch aus unternehmerischer Sicht gesehen haben, was das für eine Effizienzsteigerung bei uns im Team bedeuten kann.

Tom Schmidt

Bei uns im Newsletterbereich wird kein Text mehr ohne KI geschrieben. Das Wichtige ist auch zu lernen, mit dem Tool zu arbeiten. Wenn man nicht weiß, wie man damit umgeht, dann wird der Output auch nicht so sein, dass man sagt, »WOW«, was aber wichtig ist.
Man muss immer die Chancen und die Risiken sehen. Und natürlich birgt jede neue Erfindung oder eine Macht wie KI

in gewisser Art und Weise ein Risiko in sich. Aber ich glaube, man muss auch immer ermessen, was das Neue an Fortschritt bringen kann, wie es uns allen helfen kann und wie großartig das doch eigentlich ist. Es ist sehr wichtig, die Entwicklung sehr gut und behutsam zu betrachten und zu schauen, wie man negative Dinge, die daraus resultieren können, schnell beseitigen kann oder vielleicht auch mit dieser künstlichen Intelligenz Lösungen schafft.
Natürlich ist Social Media etwas, wo man vorsichtig sein muss. Man sollte genau wissen, wie man das zu handhaben hat. Aber wenn man mit Angst an das Thema KI und Social Media herangeht, Angst vor Jobverlust und so weiter hat, dann ist das, glaube ich, die falsche Art und Weise.

Lauren Riedel
KI zu beherrschen, glaube ich, ist nicht nur die größte Chance oder die größte Kompetenz, die man vielleicht langfristig haben muss. Auf der anderen Seite wird das Handwerk wieder relevanter, weil sich viele Menschen natürlich sorgen, dass die Jobs wegrationalisiert werden. Ich denke, die Kunst liegt einfach darin, zu schauen, wie man in seinem Job KI-Tools für sich nutzt.

Tom Schmidt
Ich glaube trotzdem, dass es in einer guten Grundausbildung in jeglicher Art sehr wichtig ist, auch menschliche Fähigkeiten zu haben. Und da ist, glaube ich, auch Schule sehr, sehr krass gefragt. Heutzutage muss man eben gerade außerhalb von Social Media wissen, was wichtig ist. Ich glaube, es ist nicht richtig, dass sich junge Leute nur mit Social Media beschäftigen. Und ich glaube, das, was man draußen lernt, was man beim Sport lernt, ist, wie man mit Menschen und miteinander umgehen sollte. Wenn man zum Beispiel einen

Teamsport macht, lernt man elementare Dinge, die zum Beispiel Lauren und mich als Unternehmer dahin gebracht haben, wo wir sind. Denn die Werte, die wir vor allem beim Sport gelebt haben, das sind die Werte, die wir im Unternehmertum leben. Es sind die Werte, die uns auch dazu geführt haben, dass wir das aufgebaut haben, was wir geschafft haben. Ich glaube, das ist superwichtig, dass man das nicht vergisst, dass nur Technik, KI und Social Media die Zukunft sind, sondern dass diese menschlichen Werte einfach super relevant sind. Aber natürlich ist es wichtig, dass auch eine Schule sich darauf einstellt, was KI bedeutet. Wenn ich mir vorstellen würde, dass ich jetzt in der siebten Klasse wäre, und ich hätte Zugang zur KI, dann hätte ich damals auf jeden Fall ein deutlich besseres Zeugnis gehabt.
Als ich zur Schule ging, war mir nicht so klar, wozu ich all das brauche, was ich da lerne. Da war das Ziel nicht so klar. Und gerade wenn man sich mit Themen umgeben hat, in denen man keinen Sinn gesehen hat, war es sehr schwer, sich dafür zu begeistern. Aber sobald ich Begeisterung für ein Thema hatte und mich darin ausleben konnte, wurde ich gut darin. Es ist wichtig, dass Menschen sich in der Art und Weise in ihren Interessen frei ausleben können.

Genau so sehe ich es auch: Schule muss junge Leute begeistern. Man muss sich aber auch als junger Mensch, übrigens auch als älterer Mensch, mutig den Herausforderungen dieser Zeit stellen. Und das Wichtigste, worum es mir auch in diesem Buch geht: wertebasiert miteinander umgehen, wertebasiert auf die Dinge schauen und mitmenschlich sein, um auch diesen Themen der Zukunft und ehrlicherweise ja schon der Gegenwart zu begegnen.

KI und lebenslanges Lernen

Dieses Buch soll dabei helfen, erste und vor allem nahbare, unkomplizierte Begegnungen mit dem Thema künstliche Intelligenz zu ermöglichen, vor allem, wenn man meint, in seinem beruflichen Alltag überhaupt nicht damit konfrontiert zu sein. KI wird nicht nur Schule, Wirtschaft, Industrie, Forschung, Medizin und vieles andere verändern, sondern vermutlich jeden Lebensbereich beeinflussen. Ich kann mir vorstellen, dass sich die Generation der Großeltern unserer Kinder heute nicht nur abgehängt von der Entwicklung fühlt, sondern andererseits auch große Lust und Neugier verspürt, sich mit dem Thema zu beschäftigen.

Ein kleiner Blick in mein Privatleben: Meine Eltern sind bereits vor vielen Jahren an Krebs verstorben. Ernst und Renate sind zwei Menschen, die für mich eine Rolle als Bonuseltern einnehmen. Sie sind im November 2023 beide über 80 Jahre alt, was sie mitnichten davon abhält, regelmäßig mit mir über WhatsApp zu kommunizieren, ihre Bankgeschäfte via Onlinebanking zu erledigen, Mails mit Bekannten zu schreiben und das Internet als Informationsquelle zu nutzen. Als ehemaliger Vertriebsleiter eines Autokonzerns konfiguriert Ernst sogar sein neues Auto in regelmäßigen Abständen im Netz. Oft führen wir Gespräche über Fake News, über Gefahren wie den Enkelbetrügertrick und viele andere Dinge. Was will ich damit sagen? Beide sind einfach neugierig und technischen Neuerungen gegenüber offen. Sie erschließen sich viele Dinge selbst, benötigen aber von Zeit zu Zeit eine erklärende Unterstützung.

Genau dieses Bedürfnis haben sicher viele ältere Menschen, die sich mit ihren Enkelkindern gern auf Augenhöhe bewegen würden und bereit sind, sich hierfür mit neuen Technologien und Themen zu beschäftigen. Allerdings braucht es Angebote für diese Generation, aber auch für die Generation der Eltern und alle, die sich weiterentwickeln und lernen möchten.

In meiner Heimatstadt Wildeshausen im schönen Landkreis Oldenburg gibt es einen Senior, der mitten in der Stadt eine digitale Erlebniswelt geschaffen hat – ein Angebot für jeden, der Dinge zum Thema Digitales und KI lernen und erfahren möchte, der Fragen und Ängste dazu hat. Für jeden, der neugierig ist. Torsten Timm ist dabei über 60 Jahre alt und ein wahnsinnig tolles Vorbild, wie wir künstliche Intelligenz in die Mitte der Gesellschaft holen können. Auch mitten auf dem Dorf. Ob er alles nur positiv sieht oder ob er auch Ängste hat? Im nun folgenden Gespräch findet man nicht nur viele Anstöße, wie man sich in der eigenen Region aktiv weiterbilden oder sich selbst engagieren könnte, sondern auch Inspiration, Motivation und nachdenkliche Gedanken.

Anhören lässt sich das ganze Gespräch über den folgenden QR-Code.

Torsten Timm, Rentner, seit 40 Jahren in der Erwachsenenbildung tätig

Ich habe die letzten 20 Jahre meiner Berufszeit mit Medienproduktion bei der Bundeswehr verbracht. Ich habe Ausbildungsfilme und dergleichen gedreht, zum Beispiel auch für den YouTube-Kanal der Bundeswehr. Deswegen habe ich mich intensiv mit Medien beschäftigt, was dann wiederum zu meinem anderen Beruf auch ganz gut passt.

Ich bin tatsächlich seit über 40 Jahren in der Erwachsenenbildung tätig und unterrichte hier in den umliegenden Landkreisen in fünf verschiedenen Volkshochschulen. Anfänglich in den 90ern natürlich noch zu so profanen Sachen wie PC-Grundwissen und Anwendung von Software, Microsoft. Mittlerweile habe ich den Schwerpunkt ein bisschen verlagert.

Medienkompetenz, -erziehung und Medienbildung wurden mir frühzeitig angetragen. Es gab immer mehr Fragen, als das digitale Fotografieren losging. Dann habe ich tatsächlich auch Kursangebote dazu gemacht. Und dann war irgendwann in den Gesprächen, in den Pausen mit den Erwachsenen, mit den Eltern tatsächlich immer wieder die Sorge zu hören: »Was tun unsere Kinder eigentlich damit? Was kommt da?« Seit 2017 etwa bin ich dann an umliegende Grundschulen herangetreten und habe Angebote im Rahmen von Elternabenden gemacht und Infoveranstaltungen gegeben, die die Eltern sensibilisieren für das wichtige Thema »Was machen eigentlich unsere Kinder im Netz?«. Das ist den meisten zwar schon bewusst, aber sie wissen oftmals gar nicht, wo sie sich Hilfe holen können. Und das bieten wir.

Leider habe ich nicht den Eindruck, dass Schule in Sachen Medienbildung Schritt hält mit der Entwicklung. Meine Grundidee für die »Digitale Erlebniswelt Wildeshausen« ist aus den Erfahrungen meiner Kurse an den Volkshochschulen und über die persönlichen Gespräche mit Eltern und anderen Erwachsenen geboren, dass es dringend eine Anlaufstelle braucht, wo man jederzeit hingehen kann, wenn es um irgendwelche Sorgen und Nöte geht, ob es Sicherheitseinstellungen am Handy sind, was Eltern oft interessiert, aber auch andere Fragen der Medienbildung. Und da braucht es eben nicht nur langwierige Kurse in der Volkshochschule, sondern auch eine Möglichkeit, ad hoc eine Frage stellen zu können. Und das bieten wir hier in der digitalen Erlebniswelt.

Wir laden die Menschen ein, zu uns zu kommen, nicht nur, wenn sie Probleme haben, sondern auch, wenn sie sich bei bestimmten Themen, die in aller Munde geführt werden, unsicher fühlen. Ob KI oder was auch immer. Sie können reinkommen, nachfragen, schlau werden, das ist unsere Vision. Und das ist das, was wir den Menschen hier bieten. Egal zu welchem Thema rund um die Digitalisierung.
Die für mich wichtigen öffentlichen Stellen, ob Stadt, ob Landkreis, wer auch immer, haben es bisher noch nicht geschafft, uns die nötigen finanziellen Mittel bereitzustellen, um so etwas hier noch ernsthafter zu betreiben. Wir finanzieren uns über Spenden.

Seit 2021 betreibt Torsten Timm mit einem kleinen Team die »Digitale Erlebniswelt Wildeshausen«, und ich finde, er hat eine wunderbare Vorbildfunktion. Jede Kommune, jeder Landkreis in Deutschland müsste genau so eine Einrichtung haben, ein niedrigschwelliges Angebot, ganz nah bei den Menschen, um ihnen die Scheu und die Angst zu nehmen.

Dieses Projekt ist auch ein großer Appell in Richtung Politik und öffentliche Trägerschaft. Denn mit der künstlichen Intelligenz rollt etwas auf uns zu, dem wir nur mit wirklicher Kompetenz, kritischem Denken und Expertise begegnen können, um nicht Gesellschaft, Demokratie und Frieden in Gefahr zu bringen oder tatsächlich Opfer von digitalen Delikten zu werden.

Torsten Timm
Seit ChatGPT ist künstliche Intelligenz in aller Munde. Das Thema explodiert gerade, aber es ist nicht neu. Die Volkshochschule Wildeshausen hat schon 2019 Vorträge dazu angeboten. Was ist künstliche Intelligenz? Was erwartet uns? Nun gilt es, einfach weiterzumachen und vor allen Dingen

möglichst zeitnah zu handeln. Wir bieten in unserem Portfolio auch an, an Schulen zu gehen und sowohl Schülerinnen und Schüler als auch Lehrkräfte zu beraten.
Im Bildungsbereich, etwa bei der Binnendifferenzierung, aber auch beim personalisierten Lernen sehe ich wesentliche Vorteile der KI. Wir haben durch KI automatisierte Auswertungsverfahren und vertrödeln nicht nutzlos Zeit mit dem Auswerten von Arbeiten, und wir können auch tatsächlich Angebote machen, die exakt auf die einzelnen Lernenden zugeschnitten sind.
In Sachen Chancengleichheit sehe ich einen der wesentlichen Nachteile, die auf uns zukommen werden. Am Anfang war alles kostenlos, dann haben sehr schnell die Bezahlmodelle nachgezogen. Das heißt, jede Person, jedes Kind, das es sich leisten kann, wird künftig mit der bezahlten künstlichen Intelligenz in vielen Dingen bessergestellt sein als die, die es sich nicht leisten können.
Ich denke auch, dass es unbedingt eine Reglementierung braucht. Wir dürfen und können es uns nicht wieder erlauben, wie beim Internet und den sozialen Netzwerken, Jahrzehnte hinterherzuhängen, um dann später kompliziert Regeln aufzustellen, die es schon von Anfang an hätte geben sollen. Noch befinden wir uns relativ am Anfang der künstlichen Intelligenz als Hype, als breites Medium im breiten Spektrum. Und jetzt gilt es tatsächlich, durch die Politik entsprechende Rahmenbedingungen zu schaffen und klare Grenzen zu ziehen.

Mein großer Fokus liegt ja auch immer auf der digitalen Ethik. Das heißt, sprechen wir über Fake, dann weiß jeder schon, dass nicht mehr alles stimmt, was vielleicht im Internet und in der Zeitung steht. Schwieriger wird es bei der Technologie von Videos und Deepfake. Man muss sich ja vorstellen, dass Fotos allein durch die Eingabe von Texten generiert werden, aus dem eingegebenen Text kommt also ein Foto heraus, das es nie gab. Das heißt, Menschen, die mich vielleicht nicht so mögen, können möglicherweise ein Foto oder ein Video von mir verändern.

Torsten Timm

Künstliche Intelligenz birgt viele Gefahren in sich, mir macht das aber keine Angst. Es sollten jetzt Möglichkeiten geschaffen werden, um aufmerksam zu machen, und es sollte Angebote geben, damit die Menschen klarer feststellen können, wann sie belogen und betrogen werden. Bei Fake News kann man natürlich versuchen herauszufinden, ob die Nachrichten und Informationen gefälscht sind, indem man einfach andere Quellen gegencheckt. Aber wenn einer ein Video produziert, wo eine Lehrkraft in einem Kinderpornovideo vorkommt oder in irgendwelchen anderen gewaltverherrlichenden Dingen, dann ist das schwer herauszufinden. Und so weit ist die Technik mittlerweile. »Ist das jetzt echt? Ist das wirklich?« Also, da sehe ich tatsächlich Gefahr.

Es bräuchte strikte Regeln, die auch wirklich angewendet werden. Die Politik muss jetzt aktiv werden. Aber es hilft nicht, nur Regeln zu schaffen, sondern wir müssen vor allen Dingen auch informieren. Und deswegen sollten solche Einrichtungen wie diese hier tatsächlich in jeder Stadt, in jeder Gemeinde vorhanden sein.

Ich kann mich diesem Appell nur anschließen und ihn weitergeben, weil ich glaube, dass es genau das braucht, um Menschen, wo auch immer sie sind, zu befähigen, kompetent zu sein, kritisch zu hinterfragen und sich nicht abgehängt zu fühlen. Das ist es, was es braucht, um Frieden und Demokratie zu sichern.

Schulen schaffen den Kompetenzaufbau nicht allein, es braucht Allianzen

Insbesondere für das System Schule wird es immer wichtiger, zu begreifen, dass Lehrpläne, aber auch Lehrkräfte, mit dem Tempo der Entwicklung von KI nicht verantwortlich werden Schritt halten können. Die Verantwortung für Bildung und Erziehung wird gleichzeitig aber immer stärker den Schulen auferlegt. Gegenseitige Schuldzuweisungen, ob nun Elternhäuser oder die Schule für gewisse Thematiken zuständig seien, sind an der Tagesordnung. Die Forderung nach neuen Schulfächern ist ebenso laut wie das Klagen über Überforderung und Personalmangel. Schulen sind an der Grenze des Leistbaren angekommen. Die Schülerschaft wird heterogener, die Ansprüche der Themen sind zu komplex. Natürlich nehmen Lehrkräfte in allen Ländern an Fortbildungen teil, um das Thema KI zumindest an der Oberfläche zu durchdringen. Wenn wir unsere Kinder und Jugendlichen aber wirklich dazu befähigen wollen, Kompetenzen im Umgang mit KI aufzubauen und sich dem Thema kritisch zu stellen, dann brauchen wir im Schulsystem dringend Expertise von außen. Es braucht also stärkende und unterstützende Allianzen.

Eine der großen Institutionen, die starke Partner in diesen Allianzen darstellen, ist die Deutsche Telekom Stiftung. Bereits seit 2003 ist sie ein wichtiger Unterstützer des deutschen Schulsystems und der Fortentwicklung zeitgemäßer Bildung. Ihre Ausrichtung formuliert die Stiftung auf ihrer Homepage wie folgt:

> »*Wir sind der Überzeugung, dass ein modernes Bildungssystem Kinder und Jugendliche auf die Bewältigung globaler Herausforderungen wie Digitalisierung, Klimawandel, Elektromobilität oder Biodiversität bestmöglich vorbereiten muss.*

Hier sollte Schule der zentrale, aber nicht der einzige Lernort sein. Auch wichtig sind Bibliotheken, Jugendeinrichtungen, MakerSpaces oder Medienwerkstätten. Mit unseren Aktivitäten initiieren und fördern wir daher Kooperationen dieser Lernorte, mit dem Ziel, ein optimales Bildungs-Ökosystem für junge Menschen zu schaffen. (…) Wir unterstützen Kinder und Jugendliche im Alter von 10 bis 16 Jahren dabei, das eigene Lernen innerhalb und außerhalb von Schule aktiv zu gestalten und so selbstverantwortlich wichtige Kompetenzen für den Bildungs- und Lebensweg zu erwerben.«[1]

Ein weiterer außerschulischer Lernort, der als Bündnispartner in diesem Allianzgedanken gewonnen werden kann, ist die Hacker School. Um deren Motivation und Vision zu erfahren, lohnt sich ebenfalls ein Blick auf die Website:

»Die Hacker School wurde gegründet, um Kinder und Jugendliche für das Programmieren zu begeistern. Wir haben eine Vision: Mit verschiedenen Formaten verfolgen wir seitdem konsequent unser Ziel, dass jeder junge Mensch das Programmieren kennenlernt, bevor er oder sie sich für einen Beruf entscheidet. Durch die Einbindung von Unternehmen, Schulen, Netzwerken und der Politik machen wir dieses Ziel zu einer gesamtgesellschaftlichen Aufgabe, die wir erfolgreich lösen wollen. Unsere Mission: Mit unseren niedrigschwelligen Kursen begeistern wir junge Menschen, insbesondere auch Mädchen und Jugendliche aus sozio-ökonomisch benachteiligtem Umfeld, fürs Programmieren und vermitteln die nötigen Skills für die Zukunft.«[2]

Das, was die Hacker School als eigene Vision beschreibt, sollte dabei in meinen Augen die Vision jeder Schule sein.

Mit Jacob Chammon, dem Geschäftsführer der Deutschen

Telekom Stiftung, und Dr. Julia Freudenberg, der Geschäftsführerin der Hacker School, mit denen mich eine langjährige Freundschaft verbindet, habe ich ebenfalls über die Entwicklung von KI und ihren persönlichen Blick darauf gesprochen. Dabei tauschten wir nicht nur unsere Gedanken aus, sondern wurden im Zuge unseres Videotelefonats auch mit fehlendem Netz in der Deutschen Bahn und in einem niedersächsischen Hotelzimmer konfrontiert.

Sich dieses Video anzusehen, lohnt sich, zumal Sie dabei nicht nur zwei großartigen Geschäftsführern bundesweiter Initiativen begegnen, sondern sich gleichsam das Gefühl einstellen kann, da säße ein lustiger Freundeskreis auf dem Sofa mitten in Ihrem Wohnzimmer.

Jacob Chammon, Geschäftsführer der Deutschen Telekom Stiftung

Als Geschäftsführer der Deutschen Telekom Stiftung setze ich mich für Digitalität ein und möchte jungen Menschen wichtige Zukunftskompetenzen vermitteln. Die Digitalisierung ist ein wesentlicher Bestandteil meines Lebens. Ich bin oft unterwegs und auf ständige Vernetzung angewiesen, um effektiv mit meinem Team zu arbeiten. Privat gestehe ich eine gewisse Affinität zu sozialen Netzwerken. Wir haben sogar eine Regel zu Hause: Wenn wir essen gehen, legen wir unsere Handys auf einen Stapel. Derjenige, der als Erster nach seinem Handy greift, zahlt die Rechnung.

KI ist bei der Deutschen Telekom Stiftung ein großes Thema. Wir beschäftigen uns intensiv damit, wie wir dieses Gebiet beleuchten und erforschen können. Wir sind in mehrere Projekte involviert, die darauf abzielen, Lehrkräfte mit KI-Tools zu unterstützen. Aktuell arbeiten wir daran, Algorithmen zu programmieren, die Korrekturarbeiten erleichtern. Zusätzlich entwickeln wir Anwendungen wie Spiele für Kinder und Jugendliche, die ihnen helfen, mit Fake News umzugehen, die möglicherweise von KI generiert werden.

Dr. Julia Freudenberg, Geschäftsführerin der Hacker School in Hamburg

Bei der Hacker School ist KI natürlich ein sehr wichtiges Thema. In meinem privaten Leben, verbunden mit einem IT-Experten als Lebenspartner, ist die Digitalisierung ständig präsent. Es ist essenziell, dass junge Menschen frühzeitig Zugang zu diesen Technologien erhalten und ein Verständnis dafür entwickeln. Wir möchten zeigen, dass KI an sich nicht bedrohlich ist, sondern vielfältig und nützlich eingesetzt werden kann. Ein gutes Beispiel ist ChatGPT, ein Tool, das auf historischen Daten basiert und somit zwar keine Zukunft extrapolieren kann, aber große Arbeitserleichterung in vielen Bereichen bietet. Niemals unterfragt nutzbar, aber bei mündiger Anwendung sehr praktisch. Wir möchten, dass Kinder nicht nur programmieren, sondern auch verstehen, wie sie KI in ihrem Leben nutzen können.

Persönliche Intelligenz unterscheidet sich deutlich von künstlicher Intelligenz. Wir müssen Kinder in der Schule auf die Herausforderungen der Digitalisierung, sozialer Netzwerke und KI vorbereiten. Als Lehrkräfte sind wir oft nicht ausreichend darauf vorbereitet und müssen daher Allianzen mit außerschulischen Lernorten wie der Hacker School bilden.

Jacob Chammon
Schule sollte als Teil eines größeren Ökosystems betrachtet werden, in dem auch außerschulische Lernorte eine Rolle spielen. Kinder sollten ermutigt werden, Erfahrungen außerhalb des Klassenzimmers zu sammeln. Als ehemaliger Schulleiter habe ich erlebt, wie wichtig es ist, dass Schüler reale Arbeitserfahrungen sammeln, um sich auf das Leben nach der Schule vorzubereiten.

Dr. Julia Freudenberg
Die Hacker School kann dazu beitragen, die »Käseglocke« der Schule zu durchbrechen. Sie bietet Kindern die Möglichkeit, zusammen mit IT-Profis aus der Wirtschaft neue Welten zu entdecken. Sie erfahren aus erster Hand, warum diese Profis tun, was sie tun, und werden dadurch inspiriert.
Im Hinblick auf die KI würde ich sagen, dass Desinteresse oft zu Angst führt. Wir müssen neugierig bleiben und ständig lernen. Lernen sollte als spannende Herausforderung betrachtet werden. Wenn wir KI verstehen und sie mit unserer natürlichen Intelligenz kombinieren können, kann sie unser Leben erheblich bereichern.

Jacob Chammon
In Bezug auf KI wünsche ich mir für die Zukunft mehr Mut, neue Dinge auszuprobieren. Ich sehe eine wachsende Bereitschaft, sich Herausforderungen zu stellen. Ein aktuelles Beispiel ist unser Engagement im Bereich der Arbeitszeiten von Lehrkräften. Trotz Herausforderungen wie Föderalismus und verschiedenen Bildungsgremien sehen wir eine zunehmende Bereitschaft zur Zusammenarbeit und Transformation. Wir müssen Fehler zulassen und daraus lernen, um das System weiterzuentwickeln.
Ich glaube, es ist wichtig, dass wir von Kindern und Jugend-

lichen lernen. Sie nähern sich neuen Technologien mit Neugier und Freude. Wir sollten diese Einstellung übernehmen und uns nicht von Angst leiten lassen. Wir müssen die Welt durch ihre Augen sehen, um zu verstehen, wie wir KI und andere neue Technologien kreativ in unserem Leben nutzen können.

Das beste Mittel gegen Angst? Sich mit künstlicher Intelligenz auseinandersetzen!

Jacob Chammon sagte am Ende unseres Gesprächs, wir sollten uns hinsichtlich der neuen Technologien nicht von Ängsten leiten lassen. Aber ist das wirklich so leicht? Der Hype um KI ist im Dezember 2023 gerade mal ein Jahr alt, und diffuse Informationen beherrschen seitdem die Nachrichten. Die Inhalte schwanken zwischen Berichten über große Errungenschaften dieser Technologie, die zum Beispiel in der Medizin bahnbrechende Vorteile bringen könnte, und erschütternde Nachrichten über gefakte Aussagen von Politikerinnen und Politikern oder über Nacktfotos, die mittels künstlicher Intelligenz erstellt und in sozialen Netzwerken verbreitet wurden. Man weiß gerade in diesem Bereich nicht mehr, was man überhaupt noch glauben kann. Könnten internationale Konflikte durch den Einsatz von KI möglicherweise auf eine völlig neue Ebene gehoben werden? Man denke an manipulierte Wahlergebnisse, täuschend echte Videobotschaften von Politikerinnen und Politikern, in denen diese Aussagen treffen, die ihnen mittels künstlicher Intelligenz in den Mund gelegt wurden. Was, wenn irgendwann echt wirkende Bilder oder gar Videos eines Atompilzes auftauchen, die uns den Beginn eines Atomkriegs vorgaukeln?

Neben den Gedanken, dass KI den eigenen Arbeitsplatz eliminieren könnte, dass sie vielleicht eines Tages in der Lage ist, wie ein Mensch zu denken und Emotionen nachzuempfinden, und der Tatsache, dass die Entwicklung von KI gerade erst richtig Fahrt aufnimmt, ist es eben eine diffuse Angst vor diesem unbekannten Mitglied unserer Gesellschaft, die viele Menschen gleichsam lähmt. Alles, was KI nicht kann, kann sie möglicherweise einfach nur *noch* nicht.

Für mich steht der moralische und ethische Blick auf die Entwicklung von KI in der öffentlichen Alltagsdebatte noch zu wenig im Mittelpunkt, und mir scheint, dass Menschen, die sich trauen, ihre – auch diffusen – Ängste zu formulieren, sehr schnell argumentativ mundtot gemacht und wegen ihrer Meinung und ihrer angeblich völlig überzogenen Gedanken als naiv abgestempelt werden. Dabei warnten erst im März 2023 zahlreiche Forscherinnen und Entwickler von KI-Systemen in einem offenen Brief vor einer zu schnellen Entwicklung von KI ohne Regulierungen und forderten eine mehrmonatige Entwicklungspause, um bestimmte Richtlinien vorab festzulegen. Unter anderem sprechen sie in ihrem Brief davon, dass »KI-Systeme mit einer dem Menschen ebenbürtigen Intelligenz (…) tiefgreifende Risiken für die Gesellschaft und die Menschheit darstellen« könnten. Die KI-Labors hätten sich dabei zuletzt »in einem außer Kontrolle geratenen Wettlauf um die Entwicklung und den Einsatz immer leistungsfähigerer digitaler Köpfe befunden (…), die niemand – nicht einmal ihre Schöpfer – verstehen, vorhersagen oder zuverlässig kontrollieren« könne. Nach Meinung der Expertinnen und Experten sollten wir uns dringend folgende Fragen stellen:

> *»Sollen wir zulassen, dass Maschinen unsere Informationskanäle mit Propaganda und Unwahrheiten überfluten? Sollen wir alle Jobs automatisieren, auch die erfüllenden? Sollten wir*

nicht menschliche Intelligenzen entwickeln, die uns irgendwann zahlenmäßig überlegen sein, überlisten, überflüssig machen und ersetzen könnten? Sollen wir den Verlust der Kontrolle über unsere Zivilisation riskieren?«[3]

Aus Sicht der Unterzeichnenden sollten leistungsstarke KI-Systeme erst dann entwickelt werden, wenn sichergestellt ist, dass »ihre Auswirkungen positiv und ihre Risiken überschaubar sind«, weshalb sie in ihrem Brief alle KI-Labors, die leistungsfähigere KI-Systeme als ChatGPT-4 trainieren, zu einer mindestens sechs Monate währenden Entwicklungspause auffordern. Diese Pause sollte dann dazu genutzt werden, um Sicherheitsstandards für fortschrittliche KI-Systeme zu entwickeln und festzulegen. Dabei fordern die Expertinnen und Experten unter anderem eine Zusammenarbeit der KI-Entwicklerinnen mit politischen Entscheidungsträgern sowie die Schaffung von Regulierungsbehörden, die dafür sorgen, dass hochleistungsfähige KI-Systeme überwacht und verfolgt werden können, und die Entwicklung von Prüfungs- und Zertifizierungssystemen, mit denen sich gefälschte Daten besser erkennen lassen.

Im April 2023 erschien ergänzend ein Paper, in dem konkrete Forderungen erhoben wurden, was politische Entscheidungsträger jetzt tun können, um die Risiken von fortgeschrittenen KI-Systemen zu bekämpfen.[4]

Dieser offene Brief wurde in vielen Medien als die Verbreitung einer überzogenen Endzeitstimmung abgestempelt. Mich allerdings beschäftigen die Gedanken derer, die sich wirklich mit KI auskennen, stark. Ist es richtig und vernünftig, dieser angsteinflößenden Stellungnahme keine Beachtung zu schenken, weil man sich in firmeneigenen Complianceregelungen oder in politischen Gremien sehr wohl mit der Schaffung von Richtlinien und ethischen Fragen zu KI beschäftigt? Reicht es nicht aus, dass sich die EU im Dezember 2023 endlich auf Richtlinien im Umgang mit künstlicher Intelligenz geeinigt hat? Sicher ist es richtig und wichtig, in jeder Lebenslage besonnen und ruhig mit Herausforderungen umzugehen. Eskalationen sind im Grunde niemals zielführend. Dennoch stelle ich mir die Frage, ob die beschlossenen Richtlinien ausreichen werden, um die dunklen Seiten von KI in den Griff zu bekommen.

Wie auch immer waren den KI-Entwicklerinnen und -Entwicklern die Forderungen aus ihrem offenen Brief augenscheinlich so wichtig, dass sie Ende Mai 2023 einen weiteren Brief veröffentlichten, der im Grunde aus nur noch einem Satz bestand: »Das Risiko einer Vernichtung (der Menschheit) durch KI zu verringern, sollte eine globale Priorität neben anderen Risiken gesellschaftlichen Ausmaßes sein, wie etwa Pandemien und Atomkrieg.«[5] Diesen Brief unterschrieb unter anderen auch der OpenAI (ChatGPT) Gründer Sam Altman.

Warum gehe ich auf diese Briefe ein? Ein weiterer, völlig überzogener Alarmismus? Selbstverständlich besitze ich nicht genug technische Expertise, um einschätzen zu können, ob die Warnungen letztlich überzogen sind oder ob sie möglicherweise eher dazu dienen, viel Aufmerksamkeit auf das Thema KI zu lenken.

Ganz gleich, wo man sich mit seinen Gedanken positioniert, ist es mir genau aus diesen Gründen für die Mitte der Gesellschaft wichtig, das Thema KI von allen denkbaren Seiten zu beleuchten und nichts zu verschweigen. Wenn man Ängste, gleich welcher Art, ob berechtigt oder diffus, nur als unnötig abstempelt und sie so versucht, in den Hintergrund zu drängen, ist dies meines Erachtens absolut kontraproduktiv für die so wichtige Souveränität, die wir alle für die Zukunft benötigen. Um jene Souveränität aufbauen zu können, müssen alle Stimmen, Gedanken und eben auch Ängste gehört werden dürfen. Und dafür ist es nun einmal notwendig, sich mit dem Thema künstliche Intelligenz im Alltag auseinanderzusetzen.

So viele Branchen haben derzeit Bedenken, KI könne dafür sorgen, dass Arbeitsplätze vernichtet werden oder die eigene Tätigkeit fundamental verändert wird. Gerade die Marketingbranche, deren kreative Leistung wir im Grunde jeden Tag in Werbekampagnen et cetera sehen, ist ein Bereich, der sich sicher viele Gedanken macht, wie sie in Zukunft unter dem Einfluss von KI vielleicht sogar noch kreativer und effizienter arbeiten kann, aber auch, ob die menschliche Kreativität und Leistung eventuell irgendwann gänzlich durch KI abgelöst werden.

Im nun folgenden Interview habe ich gleich mit zwei Generationen sprechen können, die innerhalb einer Familie den Marketingbereich repräsentieren. Die Intention und Botschaft von Stefan Iken, Inhaber einer großen, renommierten Werbe- und Marketingagentur im Landkreis Oldenburg, seiner Tochter Katharina, die beim Digitalkonzern OMR arbeitet, und ihrem Lebensgefährten Felix, der als ausgewiesener KI-Experte Programme für einen großen deutschen Konzern baut und entwickelt, geht dabei unter die Haut. Es ist ein Gespräch, das zwischen Stadt – Hamburg, wo Felix und Katharina leben – und Land stattfindet. Ein Gespräch zwischen Menschen, die trotz ihrer beruflichen Expertise vollkommen alltägliche und uns alle betreffende Gedanken äußern.

Alle drei geben in diesem Gespräch Raum für einen positiven Blick auf KI, erklären die Technik dahinter, lassen aber auch eigene Ängste zu. Für mich ist dieses Gespräch absolut richtungsweisend und gibt viele Antworten, warum es so enorm wichtig ist, sich endlich mit künstlicher Intelligenz auseinanderzusetzen.

Ich stelle zu Beginn die Frage, ob künstliche Intelligenz wirklich Arbeitsplätze vernichtet.

Stefan Iken, Inhaber einer Werbe- und Marketingagentur im Landkreis Oldenburg, 40 Angestellte

Wir sind in dieser Hinsicht ziemlich entspannt und überzeugt, dass KI keine Arbeitsplätze vernichtet, sondern dass Arbeitsplätze eher dann gefährdet sind, wenn man sich nicht mit KI beschäftigt. KI hilft uns in vielen Bereichen, schneller und gründlicher zu werden. Sie nimmt uns Routineaufgaben ab, wie beispielsweise die Anpassung eines Bildformats, was früher einen halben Tag Arbeit beansprucht hätte. Jetzt erledigt das eine Bildbearbeitungssoftware mit KI-Technik im Hintergrund mit einem Knopfdruck. Das trägt zur Wertschöpfung bei.

Felix Rolf, KI-Experte und Softwareentwickler für einen großen deutschen Konzern

In einem großen Handelsunternehmen wie dem unseren geht es darum, unseren Kunden die passenden Produkte anzuzeigen. Bei einem großen Produktkatalog ist es eine Herausforderung, das exakt passende Produkt, das den Kundinnen und Kunden am besten gefallen könnte, sichtbar zu machen. Das erfordert IT-Lösungen, da manuelle Methoden nicht ausreichen. Früher basierten diese Lösungen auf festen Regeln, aber sie werden zunehmend durch Machine-Learning-Modelle ersetzt, die die echten Interessen der Nutzer besser erfassen können.

Das Ziel ist, dass die Nutzer durch diese Programme bei ihrer Auswahl effizienter sind und Zeit sowie Nerven sparen.

Es gibt spezifische KI-Lösungen, die eine Aufgabe sehr gut erfüllen, aber in anderen Bereichen schlecht sind. Die meisten derzeitigen Lösungen sind sehr anwendungsbezogen.

Daneben gibt es generative KI-Modelle wie ChatGPT, die multifunktional sind, aber deren Entwicklung und Training sehr kapitalintensiv sind und nur von wenigen großen Konzernen durchgeführt werden. In unserem Kontext spielt die Angst, dass sich die von uns entwickelte KI selbst weiterentwickelt, keine Rolle, da wir uns auf spezielle Anwendungsfälle konzentrieren, die gut funktionieren und von Kunden geschätzt werden.
In vielen Fällen ist KI nichts anderes als Computerprogramme, die uns bei der Optimierung von Prozessen helfen. Es ist wichtig, zwischen generativer KI und Spezialanwendungen zu unterscheiden. Letztere bieten oft tolle Vorteile für Unternehmen und vielleicht auch für die Gesellschaft.

Katharina Iken arbeitet im Digitalkonzern OMR, der KI als Alltagswerkzeug nutzt
Wir nutzen KI sowohl intern als auch in unseren Produkten. Intern verwenden wir beispielsweise ChatGPT, um Texte für die 5000 Softwareprodukte auf unserer Bewertungsplattform zu schreiben. Dies funktioniert nicht immer perfekt, daher müssen wir manchmal manuell eingreifen. Extern bieten wir als Kategorie auch KI-Tools auf unserer Plattform an. KI ist seit einem Jahr ein absolutes Hypethema, und alles, was bei uns im Bereich KI passiert – ob Blogartikel, Seminare oder Toolseiten –, sind die am meisten geklickten Inhalte. Wir haben schnell erkannt, dass das ein Thema ist, für das sich die Leute interessieren, und bieten entsprechende Inhalte an.

Stefan Iken
Die Geschwindigkeit der Entwicklung ist tatsächlich manchmal überraschend. Texttools wie ChatGPT werden immer besser und können sogar Schreibstile imitieren. Je präziser

die Vorgaben, desto besser das Ergebnis. Ich erlebe diese Geschwindigkeit im Dialog mit meinen jüngeren Mitarbeitern, die beispielsweise Kühlschrankinhalte in ihr Handy eingeben, um Rezeptvorschläge zu erhalten. Ich kratze nur an der Spitze des Eisbergs und merke durch die Gespräche mit meinen Kollegen, was da alles noch kommt.
Was das Risiko angeht, dass jüngere Generationen, die mit KI aufwachsen, nicht kritisch genug hinterfragen, finde ich es zunächst positiv, wenn man unbedarft an neue Dinge herangeht. Wichtig ist, dass man versteht, was man da macht. Offenheit für neue Dinge ist gut, aber der Umgang damit ist entscheidend. KI allein führt nicht automatisch zu guten Ergebnissen. Es ist wichtig, dass der Anwender den Zusammenhang versteht und kritisch prüft. Ansonsten können große Risiken entstehen.

Felix Rolf
Ich habe mir ein paar Gedanken zu den dunklen Seiten von KI gemacht, insbesondere in Bezug auf die gesamte Gesellschaft. KI wird täglich in vielen Situationen genutzt, oft ohne dass wir es merken, wie zum Beispiel in E-Mail-Filtern oder Navigations-Apps. Das sind positive Anwendungen. Aber wenn wir auf Nachrichten und soziale Netzwerke blicken, gibt es Risiken. Die Content-Explosion durch KI kann zu einer Flut von Informationen führen. In sozialen Netzwerken könnten Menschen in Bubbles landen und Inhalte sehen, die möglicherweise nicht wahr sind. Das kann zu gesellschaftlicher Spaltung führen.

Stefan Iken
Es ist legitim, dass die Vielfalt an Möglichkeiten Angst macht. Bilder lassen sich manipulieren, und die Grenze zwischen Fiktion und Realität verschwimmt. Das könnte zu kri-

tischen Situationen führen, wenn beispielsweise Fake News verbreitet werden.
Es ist wichtig, die Angst anzuerkennen, aber auch zu sehen, was KI im Alltag nützt. Wir müssen auch die andere Seite sehen, aber dürfen nicht von der Angst überrollt werden. Die Grenze zwischen Fiktion und Realität wird verschwimmen, und wir müssen kritisch bleiben.

Katharina Iken
Ich verstehe, woher die Ängste kommen, und teile sie bis zu einem gewissen Grad. Ich glaube, es wird Mechanismen geben, um die Echtheit von Informationen zu validieren. Es besteht natürlich die Möglichkeit, dass KI eigenständiges Denken entwickelt und uns austrickst, aber das liegt noch in weiter Ferne.
Ich glaube, es ist wichtig, KI im Alltag zu integrieren und zu normalisieren. Es braucht Zeit, um die Menschen an Veränderungen zu gewöhnen. Wenn sie den Mehrwert erkennen, werden sie offener. In der Schule sollte KI ein Thema sein, wobei sowohl Chancen als auch Risiken angesprochen werden sollten.

Und jetzt?
Ideen für einen konstruktiven Umgang mit KI

KI ist da. Schon lange. Seit Kurzem auch sehr sichtbar. Die Entwicklung wird immer rasanter. Seit Wochen schreibe ich an diesem Buch, und täglich könnte ich vermutlich neue Gedanken und Erkenntnisse ergänzen. So lese ich im November 2023 auf dem Sofa bei meinen elterlichen Freunden Ernst und Renate einen Onlineartikel, in dem berichtet wird, dass das chinesische Ministerium für Industrie und Informationstechnologie einen Plan vorgelegt hat, nach dem humanoide, also menschenähnliche Roboter bis 2025 einen solchen Entwicklungsgrad erreicht haben sollen, dass man mit ihnen in die Massenproduktion gehen könnte. Man sei sich sicher, lässt das Ministerium gleichzeitig verlauten, dass diese Roboter die Welt umgestalten werden. Bis 2027, so heißt es in dem Artikel weiter, strebt China an, die humanoiden Roboter so weiterzuentwickeln, dass sie denken, lernen und innovativ sein können und sich somit in Arbeitsumgebungen bewegen können, die für Menschen gemacht sind.

Ich muss wohl nach dem Lesen des Artikels ein wenig verdutzt geschaut haben. Ernst fragte mich auf jeden Fall, was ich denn so Spannendes gelesen hätte, und ich fasste ihm die Informationen kurz zusammen. Wir philosophierten dann im Anschluss darüber, wo man diese humanoiden Roboter denn wohl überall einsetzen könnte. In einer fröhlichen Diskussion sammelten wir unsere Ideen: Hilfe bei der Gartenarbeit, Partner beim Golfspielen, wenn keiner Zeit hat, Servicekraft im eigenen Haushalt, damit man die Füße mehr hochlegen kann, Einkaufshilfe, Unterstützung auf dem Bau, die sichere Hand in der komplizierten OP, die Lösung für Personalmangel in der Gastronomie. Ehrlich gesagt war ich fasziniert über die Offenheit, das Interesse und die Neugier von Vertretern einer Generation, von der ich diese nicht so erwartet hätte. Ich war von einer durch Skepsis und Ängste geprägten Haltung ausgegangen, stattdessen wurde ich vom genauen Gegenteil überzeugt.

Ein humanoider Roboter im Haushalt, der meinem Mann und mir am Abend ein Essen nach Wunsch zubereitet, dafür einkauft, hinterher abdeckt und abwäscht, vorher bereits für Ordnung im Haus gesorgt hat, der Klassenarbeiten mit individualisierten Tipps und Lernhilfen für jeden Schüler korrigiert hat, womit mir mehr Zeit für ein persönliches Gespräch mit den Schülern bliebe, und der vielleicht sogar am Abend noch das Kopfkissen im Bett aufschüttelt – diese Art der künstlichen Intelligenz werde ich zweifelsfrei gern in meinem Leben begrüßen, auch wenn ich natürlich mit Freude selbst hin und wieder den Kochlöffel schwinge oder den Garten bearbeite. Dabei hat mich mein Mann gerade letztens darauf aufmerksam gemacht, dass wir uns im Garten doch bereits von KI helfen lassen. Schließlich würde Robbie, unser Mähroboter, uns doch ständig Arbeit abnehmen und für einen gepflegten Rasen sorgen. Auch dieses kleine Beispiel zeigt, dass KI oft ganz unbewusst schon längst in unser aller Alltag angekommen ist.

Die Aussicht, nach Lust und Laune Haushaltstätigkeiten erledigen zu können, aber nicht mehr zu müssen, weil die Familie Müller in ihrem Kreis einen humanoiden Roboter als neues Familienmitglied begrüßt, ist auf jeden Fall nicht ganz uncharmant.

Geht es also am Ende darum, sich mit künstlicher Intelligenz zunächst einmal neugierig und kreativ auseinanderzusetzen, bevor man wieder beginnt, vieles zu verteufeln und

Ängste zu schüren? Ich habe für mich darauf die Antwort gefunden, dass beide Sichtweisen im Grunde untrennbar zusammengehören. Warum sollte es ein Widerspruch sein, dass ich mir einerseits meinen neuen Robotikfreund im Haushalt wünsche und gleichzeitig viele Ängste vor den negativen Einflüssen von KI habe? Ist es nicht genau diese Haltung, die wir Kindern und Jugendlichen vorleben müssen, im Sinne von »Sei mutig, neugierig und selbstbewusst, aber erkenne auch die Risiken!«?

Zumindest sollte dies aus meiner Sicht der Ansatz sein, mit dem wir künstlicher Intelligenz begegnen. Konkret ergeben sich für mich daraus vielleicht pragmatische und umsetzbare, vielleicht aber auch naive und illusorische Ideen und Forderungen. Zunächst aber möchte ich meinen Blick kurz weg von Kindern und Jugendlichen hin zu einer Generation wenden, die wir ebenso oft in allen Bemühungen außen vor lassen, nämlich die Generation der Großeltern.

Senioren und KI – eine Brücke zwischen den Generationen

In einer Welt, die sich mit atemberaubender Geschwindigkeit verändert, stehen unsere älteren Mitmenschen oft am Rand, beobachtend, manchmal verwirrt, häufig übersehen. Wir müssen uns dringend der Frage widmen, wie wir die Kluft zwischen Senioren und der Welt der künstlichen Intelligenz überbrücken können.

Für viele Senioren ist die digitale Welt mit ihren KI-gesteuerten Technologien ein fernes Land. Sie haben ihre bisherige Lebenszeit größtenteils ohne Smartphones, Internet und virtuelle Assistenten verbracht. Doch genau hier besteht die

Möglichkeit, ein Fenster in eine neue Welt zu öffnen. KI kann mehr sein als nur eine technische Spielerei; sie kann ein Werkzeug der Verbindung und ein Pfad zur Erweiterung der Lebenswelt sein.

Stellen wir uns eine Initiative vor, bei der Schüler Senioren in die Welt der KI einführen. Jugendliche, die mit der digitalen Technologie aufgewachsen sind, teilen ihr Wissen und ihre Fähigkeiten mit der älteren Generation. Es geht um mehr als nur das Vermitteln technischer Kenntnisse – es ist ein Austausch von Erfahrungen und Perspektiven, eine Verbindung, die über Generationen hinweg Brücken baut.

In Workshops könnten Jugendliche Senioren beibringen, wie man Sprachassistenten verwendet, um das tägliche Leben zu erleichtern, wie man mit Familienmitgliedern über soziale Medien in Kontakt bleibt oder wie man Onlineressourcen für Gesundheit und Freizeitgestaltung nutzt. Diese gemeinsamen Lernerfahrungen sind nicht nur lehrreich, sondern sie zeigen auch, dass das Alter keine Barriere für das Lernen und die Anpassung an neue Technologien sein muss.

Wir können auch die Möglichkeiten erkunden, wie KI den Alltag älterer Menschen bereichern kann. Intelligente Heimassistenten können ihnen helfen, sich sicherer zu fühlen, indem sie an Medikamente erinnern oder den Kontakt zu Familienmitgliedern erleichtern. KI-gestützte Gesundheits-Apps können sie bei der Überwachung ihrer Gesundheit unterstützen.

In all diesen Bemühungen müssen wir jedoch stets die menschliche Berührung bewahren. KI ist ein Werkzeug, das Beziehungen und soziale Interaktionen ergänzen, aber niemals ersetzen sollte. Die wahre Schönheit dieser Technologie liegt darin, wie sie das menschliche Erleben erweitern und bereichern kann, ohne dass eine Entfremdung stattfindet.

Durch die Einbeziehung älterer Menschen in die Welt der KI können wir ein harmonisches Miteinander schaffen, in dem Wissen und Erfahrungen über Generationen hinweg geteilt werden. Es ist ein Zeichen unserer Menschlichkeit und unseres gemeinsamen Strebens nach Wachstum und Verbindung, in dem jeder, unabhängig vom Alter, einen wertvollen Platz hat.

Welche Veränderungen braucht es in den Schulen?

Die Schule hat einen Bildungs- und Erziehungsauftrag. Kommt unser jetziges Schulsystem diesen Aufträgen nach? Bereiten wir Kinder und Jugendliche auf die Herausforderungen der Gegenwart und vor allem der Zukunft vor?

Meine Antwort ist und bleibt ein deutliches NEIN. Mir ist bewusst, dass ich diese schwerwiegende Kritik ausgerechnet in einer Zeit äußere, in der unser Bildungssystem unter vielen Herausforderungen ächzt und im übertragenen Sinne erkrankt ist. Wir sind nach den Bildungsplänen der Länder an den Schulen verantwortlich für Demokratieerziehung, Bildung für nachhaltige Entwicklung, Allgemeinbildung, Verkehrserziehung, Medienerziehung, gesunde Ernährung und vieles mehr. Wir müssen Profis werden beim Thema Inklusion und Integration. Migration stellt Schulen in Städten und auf dem Dorf vor viele Herausforderungen, Schulgebäude sind teilweise in keinem guten Zustand, und durch den Lehrermangel steht das System kurz vor einem Kollaps. Zudem gibt es in unserem Land 16 verschiedene Bildungsstandards, und ein Umzug innerhalb Deutschlands wird für Kinder aufgrund der Unterschiedlichkeit der einzelnen Schulsysteme oft zu einem Spießrutenlauf.

Ein Generalabwasch? Mitnichten. Jeder, der sich einen ernsthaften und vor allem ehrlichen Eindruck von diesem System verschafft, kann mir hier vermutlich nur zustimmen. Da hilft kein politisches »Ja, aber …« oder »Wir sind dran …«.

Ich weiß, dass es noch in keinem Lebensbereich geholfen hat, alles nur madig zu reden. Sehr schnell gerät man dadurch in eine Negativspirale. Wenn wir aber nicht endlich ehrlich zu uns sind und erkennen, dass unser System Schule gegen die Wand gefahren ist und es so nicht weitergehen kann, lautet die Antwort auf die Frage: »Wer schützt unsere Kinder?«, am Ende dann: »Niemand mehr.« Deswegen braucht es einen immensen Druck und vor allem ein Aufwachen im System Bildung. Meine hier folgenden Ideen und Forderungen kann jeder für sich gern beliebig ergänzen.

Ein anderes Arbeitszeitmodell für Lehrkräfte

Lehrkräfte unterliegen wie andere Arbeitnehmer in der freien Wirtschaft auch bei einer Vollzeitstelle einer 40-Stunden-Woche mit einem Anspruch auf 30 Tage Urlaub. Jetzt kann man natürlich das Vorurteil anführen, Lehrer hätten vormittags recht und nachmittags frei und seien die Hälfte des Jahres in den Ferien, allerdings spricht dieses Urteil ehrlich gesagt von einer völligen Unkenntnis der Lehrtätigkeit. Da sich dieses Vorurteil dennoch hartnäckig hält, will ich hier einmal bewusst aufzeigen, wie Lehrkräfte arbeiten. Sie stehen mit einer durchschnittlichen Anzahl von 27 Unterrichtsstunden in der Woche vor den Kindern. Dazu gehört Vorbereitungszeit, Korrekturzeit, individualisierte Zielgespräche, Elterngespräche, Mitarbeit in Arbeitsgruppen, Teilnahme an Konferenzen, Klassenfahrten und so weiter.

Lange Zeit war das alles gut leistbar. Die Anforderungen an den Beruf haben sich aber durch die vorgenannten Herausforderungen so sehr geändert, dass die bestehenden Ressourcen nicht mehr ausreichen, um entsprechend professionell zu agieren. Kinder brauchen mehr denn je Fürsorge und individuelle Unterstützung, und dabei spreche ich nicht nur von fachspezifischen Inhalten. Immer mehr Kinder erfahren zu Hause keine Unterstützung, keine Erziehung, finden dort niemanden, der ihnen Rat gibt, sie tröstet oder in den Arm nimmt. Sie, liebe Leserinnen und Leser, tun das, Sie engagieren sich allein schon dadurch, dass Sie Interesse zeigen und dieses Buch lesen. Denken Sie aber eben an die Kinder, die dieses Glück, in einem liebevollen Elternhaus aufzuwachsen, nicht haben. Für sie ist Schule oft der einzige Anker und die einzige Orientierung. In der Schule treffen so viele verschiedene kleine Persönlichkeiten aufeinander, die darauf angewiesen sind, zu lernen, wie man fair miteinander umgeht, wie man Probleme löst und wie man Niederlagen aushält. Das alles bedeutet derzeit mehr Beziehungsarbeit denn je. Und dafür braucht es Zeit.

KI kann zukünftig eine tolle Unterstützung sein, wenn man beispielsweise an adaptive Lernsysteme denkt, an durch KI generiertes Feedback, das ganz individuell auf jedes Kind zugeschnitten ist. Möglicherweise kann KI in Form eines Videoavatars, also eines Videos, in dem man einen Menschen sieht, der aber nur durch KI geschaffen wurde, Teile von fachlichem Unterricht übernehmen und Inhalte zielgenauer zuschneiden, als wir es jemals könnten. Was KI aber sicher so schnell nicht kann, ist, warmherzigen Rat geben, das Kind in all seinen Facetten erkennen, annehmen und verstehen, um daraus empathische Schlüsse zu ziehen. Zumindest ist das bislang meine feste Überzeugung. Um also für Kinder und Heranwachsende echte Lernbegleiter, Ratgeber und Orientierung zu sein, braucht es mehr Zeit für Beziehungs- und Entwicklungsarbeit. KI könnte in Zukunft dabei helfen.

Jede Schule braucht eine Social-Media-Sprechstunde

Gerade Schulen sind der Ort, an dem Kinder fit gemacht werden für die Herausforderungen der Zukunft. Gleichzeitig erleben die Kinder in der Schule aber auch einen großen Teil ihres Heranwachsens. Für einige Schülerinnen und Schüler ist ihre Schule wie ein zweites Zuhause, wo sie Sorgen und Kummer teilen möchten und vor allem sollen, wo sie Hilfe bei Problemen erfahren können und Sicherheit erleben sollten. Viele der Sorgen und Probleme, die die Kinder und Jugendlichen belasten, haben dabei mittlerweile ihren Ursprung in sozialen Netzwerken, und die Gefahren in sozialen Netzwerken werden durch die künstliche Intelligenz noch weiter potenziert. Wir müssen den Heranwachsenden daher gerade auch in der Schule dringend Begleitung und Unterstützung in ihrer täglichen Lebensrealität bieten, die nun mal bei TikTok, Snapchat & Co. stattfindet.

Bereits in meinem Buch »Wir verlieren unsere Kinder« habe ich von der Social-Media-Sprechstunde berichtet, die bereits 2018 bei uns in der Waldschule Hatten entstanden ist. Unlängst habe ich der Journalistin Barbara Tóth vom österreichischen Magazin *Falter* ein Interview zur Nutzung sozialer Netzwerke und zur Wichtigkeit der Social-Media-Sprechstunde gegeben, aus dem ich im Folgenden einen Ausschnitt zitieren möchte.

»Frau Müller, Zeitbegrenzungen und Verbote helfen nicht, wir müssen in die digitale Welt unserer Kinder mit rein, das ist Ihr Credo. Warum wollen das so wenige hören?

Silke Müller: Ich nenne das ›das Märchen vom heiligen Smartphoneverbot‹. Als Elternteil oder auch als Pädagoge glauben wir offenbar, wenn wir die Bildschirmzeit einschränken, dann erzeugen wir Medienkompetenz im Sinne von: Dann kann meinem Kind ja nichts passieren. Aber das ist in etwa so, wie wenn ich meinem Kind Knieschützer anziehe und einen Fahrradhelm aufsetze und es dann auf die Autobahn auffahren lasse. Es gibt immer das andere Kind im Sportverein, das ältere Geschwister oder den Klassenfreund, die einen freien Zugang zum Netz haben. So kommen die Kinder eben trotzdem in Berührung mit all diesen fürchterlichen Inhalten, von denen ich in meinem Buch ausführlich berichte. Ich schütze mein Kind also nicht durch Verbote, sondern ich brauche selber ein Bewusstsein dafür, was in dieser digitalen Welt los ist. Erst dann werde ich zu einem anderen Gesprächspartner für mein Kind.

Deshalb haben Sie an Ihrer Schule schon 2018 eine ›Social-Media-Sprechstunde‹ eingerichtet. Wie kann die helfen?

Müller: Die Sprechstunde ist im Lehrplan fest verankert, wir bewerben sie mit Plakaten und Buttons, auch mit der Aufforderung: Erzählt uns, was ihr gesehen habt. Wer ein Thema mit Mobbing im Klassenchat oder auf sozialen Plattformen hat oder wenn ein Kind mal Mist gemacht hat oder wirklich was Delikates hat, dann sagen die das natürlich nicht im Unterricht, sondern dann wissen sie, dass sie uns im Vertrauen schreiben können und es dann ein Gespräch gibt. Man braucht dafür nicht viel, man braucht nur jemanden, der bereit ist, das anzubieten, und sich im Netz sehr gut auskennt. TikTok war übrigens der Kipppunkt. Seitdem haben sich die Kinder wirklich verändert, waren ständig online und berichteten von schockierenden Inhalten.

Wie zeigt sich das konkret?

Müller: Zum einen durch eine andere Aufmerksamkeitsspanne. Das merkt man im Unterricht. Sie können sich weniger lange auf Dinge konzentrieren, ohne dass sie abgelenkt sind, das Gefühl haben, ich muss mal parallel noch was anderes schauen. Man merkt es körperlich: Manche Kinder sind total lethargisch, ohne Körperspannung. Im Umgang miteinander, vor allem, wie sie sich schreiben – meistens auf Snapchat –, ist die Verrohung der Sprache unglaublich. Übrigens auch zwischen Mädchen.

Das klingt widersprüchlich.

Müller: Sie sind entweder sehr aufgedreht oder depressiv, und erste Studien zeigen: vor allem weniger resilient. Es gibt ganz viele Kinder, die sofort, wenn sie in eine Konfliktsituation geraten, anfangen zu weinen oder sehr aggressiv werden. Es kostet viel Kraft, sie in ein normales Gespräch zu bringen und sie aus diesem Konflikt herauszubegleiten. Sie stehen ständig unter Anspannung, weil sie wissen, wenn jemand mitfilmt, wird das sofort im Netz ausgetragen. Die doppelten Demütigungen. (…)

Sie sind immer noch Pionierin in Deutschland. Wer verhindert das, die Schulbürokratie?

Müller: Also, wir unterliegen in Deutschland natürlich auch dem Föderalismus, was gerade im Schulwesen eher behindernd ist, als dass es förderlich ist. Wir haben 16 unterschiedliche Schulgesetze und Rechtsprechungen. In Niedersachsen haben wir das Prinzip der eigenverantwortlichen Schule. Das heißt, ich mache selber Budget, Verwaltung, Ressourcen, ich bekomme natürlich eine Stundenzahl und eine Stundentafel zugewiesen. Aber ich kann Projekte machen, und die Social-Media-Sprechstunde läuft darunter. Thomas Hillers, der Kollege, der sie macht, hat eben eine Unterrichtsstunde Social-

Media-Sprechstunde in seiner Unterrichtsverpflichtung. Das haben wir nicht angemeldet, wir haben es einfach gemacht. Ich verstehe mich eben als Ermöglicherin und nicht als Verwalterin. Mittlerweile sieht das auch die Kultusministerkonferenz so und sagt: Macht doch einfach mal, liebe Schulleiter, probiert aus, berichtet von euren Erfahrungen! Aber in Bayern wäre das nicht so einfach möglich gewesen.

Und Herr Hillers hat keine Zusatzausbildung?

Müller: Nein, er ist ein ganz normaler Lehrer, noch Junglehrer, er hat Haupt- und Realschullehramt studiert und ist halt digitalaffin. Er hat selber einen Instagram-Account, kennt die Inhalte, hat die Erfahrung. Das Allerwichtigste ist, eine Gesprächskultur herzustellen: Sprich mit mir, wenn du ein Problem hast. Dafür braucht es auch keine Ausbildung. Wenn es dann um tiefenpsychologische Probleme geht, um eine Störung, ein Trauma, dann schalten wir natürlich um. Holen die Eltern ins Boot, die Sozialpädagogen, die Schulpsychologie. Da haben wir die gleichen Probleme wie in Österreich, weil es zu wenige gibt.«[1]

Durch die Weiterentwicklung von künstlicher Intelligenz werden die Probleme in sozialen Netzwerken unausweichlich zunehmen. Meine Forderung ist daher: Jedes Kultusministerium in Deutschland und in jedem anderen europäischen Land sollte dabei unterstützen und dafür Sorge tragen, dass gerade in Zeiten von KI solche Social-Media-Sprechstunden an allen Schulen verbindlich angeboten werden. Eigentlich bräuchte es daneben ein ähnliches Angebot für Lehrkräfte, Eltern, Großeltern und alle, die für die Begleitung und den Schutz von Kindern und Jugendlichen verantwortlich sind.

Allianzen und Kooperationen mit außerschulischen Partnern

Um dem Thema Digitalisierung und der rasanten Entwicklung von künstlicher Intelligenz gerecht werden zu können, sollten die Schulen, wie schon gesagt, stärker mit außerschulischen Partnern zusammenarbeiten. Beispielsweise könnte ich mir vorstellen, dass sich Unternehmen selbst dazu verpflichten, zwei oder drei Arbeitsstunden ihrer Fachkräfte oder auch ihrer Auszubildenden pro Woche oder meinetwegen auch pro Monat den Schulen vor Ort zu spenden. In dieser Zeit könnten die Mitarbeiter für Schulungen und die Übernahme von fachlichen Inputs und Erklärungen in Unterrichtsstunden an die Schule kommen oder Schülergruppen für Schulungsstunden im eigenen Betrieb empfangen.

Lehrkräfte sind in erster Linie Pädagoginnen und Pädagogen und ausgebildet für den traditionellen Fächerkanon. Als Lehrkraft bildet man sich natürlich fort und entwickelt sich weiter, gleichzeitig ist es aber schlicht unmöglich, zu Expertinnen und Experten für komplexe Fachgebiete wie dem der künstlichen Intelligenz zu werden. Initiativen für Onlinekompetenz sollten zu festen Partnern im Schulleben werden, es seien an dieser Stelle nur einige genannt:

- **Klicksafe.de:** Diese EU-Initiative zielt darauf ab, die Onlinekompetenz der Menschen zu fördern und sie mit vielfältigen Angeboten beim kompetenten und kritischen Umgang mit dem Internet zu unterstützen. Klicksafe bündelt relevante Informationen und Angebote für eine sichere, kompetente und selbstbestimmte Internetnutzung. Die Organisation veranstaltet Events wie den jährlichen Safer Internet Day und bietet einen monatlichen Newsletter zu aktuellen Themen.
- **Fobizz.de:** Fobizz ist eine Plattform für Weiterbildungen und Anbieter von digitalen Tools für Lehrkräfte und Schu-

len. Mit dem Ziel, den digitalen Fortschritt in Bildungseinrichtungen voranzutreiben, bietet Fobizz eine umfangreiche Auswahl an praxisorientierten Weiterbildungen, benutzerfreundlichen digitalen Tools und KI, um Lehrkräfte zu entlasten und ihnen mehr Zeit für das Wesentliche zu ermöglichen.

- **DigitalSchoolStory:** Ein Start-up, das eine Multichannel-Community aufbaut, in der Schüler, Lehrer und Contentersteller miteinander kommunizieren und voneinander lernen können. Es motiviert junge Menschen zum Lernen und macht sie von reinen Social-Media-Konsumenten zu aktiven Gestaltern im Netz, im Unterricht und in der Gesellschaft.
- **Law4School (Cybergrooming):** Law4School bietet Webinare gegen Cybermobbing an. Rechtsanwältin Gesa von Schwerin (ehemals Stückmann) lehrt Klassen, wie sie sich dagegen wehren können. Das Programm zielt darauf ab, Kinder und Jugendliche zu befähigen, die digitale Welt neugierig zu entdecken und dabei auf sich und andere zu achten.
- **Saferinternet.at:** Saferinternet.at bietet Ressourcen und Webinare für einen sicheren und verantwortungsvollen Umgang mit Smartphones und dem Internet. Sie geben Tipps, wie man Kinder und Jugendliche beim Umgang mit Informationsüberflutungen während Krisen unterstützen kann und wie man mit der unerlaubten Veröffentlichung privater Inhalte umgeht. Außerdem bieten sie Workshops für Schulen und Jugendeinrichtungen zu verschiedenen Themen wie soziale Netzwerke, Cybermobbing, digitale Spiele usw. an.
- **Juuuport.de:** JUUUPORT ist eine bundesweite Onlineberatungsplattform, auf der ehrenamtlich tätige Jugendliche und junge Erwachsene, die JUUUPORT-Scouts, Gleichaltrigen vertraulich bei Onlineproblemen wie Cybermobbing,

Mediensucht, sexueller Belästigung, Abzocke, Datenklau und mehr helfen. Die Beratung ist datenschutzkonform und kostenlos.

Es war wohl nie wichtiger, in Schulen einen Fokus auf Beziehungsarbeit und die Vermittlung von Werten und Normen zu legen. Auch hier gilt es, gemeinsam mit den Heranwachsenden Antworten auf die Frage zu finden, wie wir in Zukunft miteinander leben wollen. Dafür braucht es Zeit und ebenjene Unterstützung von außen.

Die heilige Kuh des Föderalismus hat ausgedient

Bereits zuvor bin ich mehrfach auf den Föderalismus im Bildungsbereich eingegangen. Nehmen wir die Herausforderungen der Zukunft, die auf unsere nächste Generation treffen werden, wirklich ernst, dann müssen wir Kräfte und Energien endlich bündeln. Auch wenn es unter den deutschen Bundesländern und zwischen den Kultusministerien sicher ein Kooperationsgebot gibt, so reicht dies in meinen Augen nicht mehr aus. Künstliche Intelligenz ist ein globales Thema und eine globale, komplexe Herausforderung mit Chancen und Risiken für die ganze Welt. Es kann und darf nicht sein, dass wir in deutschen Schulen für den Umgang mit KI und ChatGPT 16 verschiedenen Richtlinien unterliegen, wie es derzeit der Fall ist.

Ich bin es langsam tatsächlich leid, stets Argumente zu hören, warum Bildung Ländersache ist und dass man ja um Zusammenarbeit bemüht sei. Es wird Zeit, diese heilige Kuh des Föderalismus im Bildungssystem an ihr verdientes Gnadenbrot zu führen. Wir sollten endlich so mutig sein, in unserem Bundesgebiet Kinder mit einer gemeinsamen und inhaltsgleichen Überzeugung auf die Zukunft vorzubereiten. Es braucht eine Schule mit individuellen Fördermöglichkeiten für alle. Ob ich damit sogar die herkömmlichen Bildungsabschlüsse infrage stelle, weiß ich nicht. Mindestens aber den Weg dahin hinterfrage und kritisiere ich. Es braucht einen gemeinsamen neuen Lehrplan für alle Länder. Dabei muss der Bereich der Digitalkompetenz und der Ethik – und hier ist nicht nur der Bereich der digitalen Ethik gemeint – sowie der große Bereich der künstlichen Intelligenz einen hohen Stellenwert bekommen. KI wird auch Bildung maßgeblich und exponentiell verändern, also müssen wir uns dringend mit dieser Technologie entwickeln und nicht neben ihr. Im Klein-Klein, also Bildung geteilt durch 16, geht das nicht.

Verpflichtende Fortbildungen für alle im Bildungsbereich

Im Januar 2024 empfiehlt die Ständige Wissenschaftliche Kommission der Kultusministerkonferenz (SWK) in einem veröffentlichten Impulspapier, allen Schülerinnen und Schülern sowie allen Lehrkräften einen kostenlosen oder kostengünstigen Zugang zu KI-Werkzeugen zu ermöglichen. So heißt es in einer Zusammenfassung des Impulspapiers durch das Deutsche Schulportal:

> *»Bemerkenswert ist, dass das Beratergremium im Gegensatz zu früheren Empfehlungen nicht auf einen Auftrag der KMK gewartet, sondern selbst die Initiative ergriffen hat. Das Impulspapier kann somit als Aufforderung an die KMK verstanden werden, hier aufzuholen, denn bislang steht ChatGPT den Schulen nur in Rheinland-Pfalz, Sachsen-Anhalt und Mecklenburg-Vorpommern kostenlos zur Verfügung.*
> *(…)*
> *Die Wissenschaftlerinnen und Wissenschaftler sehen in KI-Sprachmodellen wie ChatGPT großes Potenzial für die*

Binnendifferenzierung und Individualisierung im Unterricht. KI-Chatbots könnten als Tutoren den Schülerinnen und Schülern interaktiv Rückmeldungen geben und bei Verständnisproblemen helfen. Auch Lehrkräfte würden vom Einsatz von KI profitieren, beispielsweise bei der Erstellung von differenzierten Lernmaterialien, Quizfragen oder Lernspielen.
Künstliche Intelligenz könne den Schülerinnen und Schülern auch bei Schreibprozessen helfen, zum Beispiel beim ersten Brainstorming oder beim Erstellen einer Gliederung. ChatGPT könne auch Feedback zu einem geschriebenen Text geben, zum Beispiel zu Rechtschreibung, Grammatik oder Verständlichkeit. Aktuelle Studien würden jedoch zeigen, dass die Qualität des durch ChatGPT generierten Feedbacks oft noch schwanke; die KI neige zu allgemein gehaltenem Feedback mit wenig konkreten Verbesserungsvorschlägen. Die SWK warnt auch davor, die Textproduktion vollständig an KI-Sprachmodelle auszulagern, da dies das fachliche Lernen untergraben würde.
(…)
Das Gremium empfiehlt den regelmäßigen Einsatz von ChatGPT im Unterricht erst ab der achten Klasse. Davor sollte nach Ansicht der SWK auf den Einsatz von KI-Sprachmodellen durch Schülerinnen und Schüler weitgehend verzichtet werden und nur sehr eng begleitet stattfinden.
Dabei sehen die Bildungsforscherinnen und Bildungsforscher in allen Fächern, in denen schriftliche Leistungen erbracht werden, Potenzial für den Einsatz von KI-Sprachmodellen als Schreibunterstützung. Da die von der KI genutzten Quellen unbekannt oder sogar erfunden sind, benötigen die Schülerinnen und Schüler jedoch ausgeprägte Kompetenzen in der Quellenbewertung. Studien zeigen, dass Schülerinnen und Schüler ihre Fähigkeiten, die Qualität von Quellen oder mögliche versteckte Interessen zu beurteilen, überschätzen. Die Lernenden benötigen auch ein breites Fachwissen, um die

Glaubwürdigkeit der Antworten von ChatGPT richtig einschätzen zu können.
Schließlich benötigen die Schülerinnen und Schüler ein Verständnis der Funktionsweise dieser Technologie, um die von der KI generierten Antworten einordnen zu können. ChatGPT produziere zwar menschenähnliche Texte, habe aber kein Verständnis für den Inhalt des Textes oder gar menschliche Eigenschaften wie Empathie.
Auch bei den Lehrkräften sieht die SWK Nachholbedarf, was das Wissen über KI-Sprachmodelle betrifft – auch im Bereich des fachdidaktischen Wissens, wie sie sinnvoll in den Unterricht integriert werden können. (…)«[2]

Es geht hier also um einen großen Bedarf an Fort- und Weiterbildung für Lehrkräfte. Ich weiß, dass ich mit dem Thema Fort- und Weiterbildung einen sehr sensiblen Bereich anspreche. Dass Fort- und Weiterbildungen vermutlich dann besonders effektiv sind, wenn man eine intrinsische Motivation für das Thema an den Tag legt und die Fortbildungsveranstaltung freiwillig ausgewählt hat, bestreite ich nicht. Das aber entspricht eben nicht mehr der jetzigen Realität. Ich habe manchmal den Eindruck, dass wir uns im schulischen Bereich aussuchen können, ob wir uns individuell fortbilden wollen oder ob wir uns mit Veranstaltungen begnügen, die für das gesamte Kollegium angeboten werden. In vielen anderen Berufen, wie beispielsweise in der Medizin oder gerade in der Technologie- und IT-Branche, bringt man dagegen nicht nur seinen eigenen Arbeitsplatz in Gefahr, wenn man sich nicht regelmäßig weiterbildet, sondern man droht thematisch schlicht abgehängt zu werden. Darüber hinaus gibt es in vielen Branchen verpflichtende Fortbildungen, um sich zu zertifizieren, Zulassungen zu erhalten oder aufrechtzuerhalten. Hier geht es oft nur um materielle Vermögenswerte. In der Schule aber arbeiten wir doch mit dem wichtigsten Gut unserer Gesellschaft. Wir arbeiten mit Kindern. Bilden wir uns in der Schule und als Lehrkräfte nicht intensiv zu allen Herausforderungen dieser Zeit fort, bringen wir am Ende den Kompetenzerwerb der Kinder, der so unfassbar wichtig ist, damit sie sich den Herausforderungen der Zukunft stellen können, in Gefahr. Das ist mehr als fahrlässig und nicht hinzunehmen.

Daher ist es aus meiner Sicht notwendig, dass wir – insbesondere mit Blick auf die Macht von künstlicher Intelligenz – im Bildungssystem über eine Fortbildungsverpflichtung sprechen, die man durch Teilnahmebescheinigungen und gegebenenfalls kurze Überprüfungen am Ende nachweisen muss. Das ist drangsalierend, anstrengend und eine zusätzliche Belastung. Ich weiß das und sehe das. Allerdings sehe ich in allererster Linie, dass wir die Aufgabe haben, für unsere Kinder und Jugendlichen Verantwortung zu übernehmen. Nie war das wohl wichtiger als heute angesichts der Entwicklungen der KI. Wir können aber nur über Einsatzmöglichkeiten von ChatGPT & Co. im Unterricht gewinnbringend diskutieren oder mit adaptiven Lernsystemen arbeiten und auch einen Mehrwert von KI erkennen, wenn wir selbst ein Grundverständnis für KI aufgebaut haben. Erst dann werden wir auch in der Lage sein, Fragen zu stellen, für die es gilt, Antworten zu finden.

Natürlich geht es ums Geld

Sprechen wir von Chancengleichheit in der Bildung, führt dies schnell zu ausufernden Diskussionen. Kann es mit Blick auf die unterschiedlichsten Lern- und Lebensbiografien der Jungen und Mädchen eigentlich wirklich eine Chancengleichheit geben? Das wage ich infrage zu stellen. Mindestens aber braucht es eine Bildungsgerechtigkeit, die nicht von der Finanzkraft der Elternhäuser abhängt. Es braucht eine gleiche technische Ausstattung für die Kinder, und übrigens auch für Lehrkräfte, sowie einen kostenfreien Zugang zu Technologien wie ChatGPT, um mit dem KI-Tool arbeiten zu können und nicht nur darüber zu reden. Es braucht den sofortigen Anschluss aller Schulen ans Glasfasernetz. Andere Bereiche wie kostenfreie Verpflegung, die Notwendigkeit kleinerer Klassen, den Bedarf an deutlich mehr Schulsozialpädagogen, einladende Räumlichkeiten et cetera spare ich an dieser Stelle aus, wenngleich sie ebenso wichtig sind. Wir bieten den Kindern derzeit nicht mehr als eine charmante Ruinenverwaltung. Sinngemäß regnet es überall rein, und es wird immer kälter. Für ein stark wirtschaftlich geprägtes Land wie unseres, wo man den Eindruck hat, dass für alles Geld da ist, ist der derzeitige Zustand unseres Bildungssystems ein wirkliches Armutszeugnis.

Der Soziologe Amitai Etzioni sagte so treffend, dass Bildung der Schlüssel zum Umgang mit einer so mächtigen und alles verändernden Technologie wie KI sei. Das bedeutet, dass alle Kraftanstrengungen und enorme finanzielle Mittel genau in diesen Bereich investiert werden müssen. Zudem darf Schulentwicklung im Grunde nicht von der Dauer einer Legislaturperiode abhängen, will man endlich Stabilität und Kontinuität für alle Entwicklungsprozesse herstellen.

Kreativität, positive Anwendungsbeispiele und Kompetenz im digitalen Raum

Wenn wir über Expertinnen und Experten sprechen, die Schulen beim Vermitteln eines Grundverständnisses von künstlicher Intelligenz unterstützen können, wenn wir darüber nachdenken, wie wir Allianzen mit außerschulischen Partnern bilden können, so sollten wir dies immer mit Blick auf unsere

Kinder tun. Letztlich geht es darum, sie zu einem souveränen, menschlichen, verantwortungsvollen Umgang miteinander in einer Welt vorzubereiten, die durchzogen ist von Krisen und Digitalität.

Das bedeutet gleichzeitig, dass wir sie vorbereiten müssen, sich sicher im digitalen Raum zu bewegen. Arbeitsblätter und bloße Gespräche über Technologie und Apps sind da wenig sinnvoll.

Es stellt sich also die Frage, wie es funktionieren kann, Kinder und Jugendliche im digitalen Raum zu begleiten und dabei neben dem Schutzgedanken auch den Gedanken im Sinn zu haben, dass sie zum Beispiel soziale Netzwerke bedienen, ohne sie möglicherweise wirklich verantwortlich mitzugestalten. Sie nutzen hierbei nahezu täglich künstliche Intelligenz, ohne dies überhaupt zu wissen. KI durchzieht unsere Gesellschaft bereits an vielen Stellen. Souverän mit ihr umgehen können wir aber nur, wenn uns bewusst ist, dass KI beeinflusst und gesteuert werden kann und muss.

Eines von sicher vielen grandiosen Beispielen für Initiativen, die Schulen im Kompetenzaufbau für eine positive Nutzung sozialer Netzwerke unterstützen, ist die Initiative DigitalSchoolStory. Auf ihrer Internetseite erklären sie ihre Mission wie folgt:

> *»DigitalSchoolStory macht junge Menschen von Social-Media-Konsumenten zu aktiven Gestaltern im Netz. Schüler:innen entwickeln im Team aus dem Lernstoff kreative Kurzvideos im Social-Media-Format (max. 90 Sek.), unterstützt von ihren Idolen aus den Social Media. Dabei erwerben die Jugendlichen neben Unterrichtsinhalten wertvolle soziale und methodische Kompetenzen.*
>
> *Rund 80 Minuten am Tag verbringen Jugendliche im Schnitt auf TikTok. Damit ist die Plattform ein prägender Teil ihres*

Alltags. Umso wichtiger, dass sie gemeinsam die Mechanismen dahinter reflektieren und aus der Konsumenten- in die Gestalter-Rolle kommen. DigitalSchoolStory schlägt diese Brücke in den Alltag, um Lernen mit Begeisterung zu verknüpfen.«[3]

Wir können natürlich den Medienkonsum und das häufige Aufhalten in sozialen Netzwerken bei unseren Kindern bemängeln und kritisieren. Gleichzeitig müssen wir aber anerkennen, dass wir nicht nur dabei versagt haben, Kinder auch nur annähernd vor den Gefahren durch Gewalt, Rassismus, Pornografie, Folter und allem Grausamen, was das Netz tagtäglich anbietet, zu schützen. Doch wir sollten die Kinder und Jugendlichen nicht nur für einen verantwortungsbewussten Umgang mit sozialen Netzwerken sensibilisieren, sondern sie auch für das aktive Gestalten in den Netzwerken befähigen. Auch hier braucht es außerschulische Partner. DigitalSchoolStory ist so ein Partner, der eben auch beim Aufbau eines Grundverständnisses von KI in der Schule unterstützen kann.

Mit der Gründerin und Visionärin Nina Mülhens habe ich mich genau darüber unterhalten. Hier folgt ein Ausschnitt aus unserem Gespräch, hören können Sie das Interview über den folgenden QR-Code.

Nina Mülhens, Gründerin DigitalSchoolStory

Unser Hauptanliegen mit der DigitalSchoolStory ist es, junge Menschen auf eine selbstbestimmte Zukunft vorzubereiten und ihnen zu helfen, hinter die Kulissen zu blicken und ein tieferes Verständnis zu entwickeln. Was heute draußen in der Welt passiert, ist entscheidend. Dazu benötigen wir Menschen, die aktiv gestalten. Neben Medienkompetenz gehört dazu auch digitales Storytelling und ein Verständnis dafür, wie sich Medien und die Welt insgesamt immer schneller entwickeln. Es ist wichtig, dass Menschen widerstandsfähig bleiben, aber auch ihre Neugierde bewahren. Uns liegt es am Herzen, die Lebenswelt der Schüler, die viel in sozialen Medien unterwegs sind, einzubeziehen und positiv zu gestalten. Wir möchten dazu beitragen, dass die Welt verbessert wird, und nicht nur die Gefahren sehen, die oft in der Schule thematisiert werden. Was KI betrifft, so ist es entscheidend, dass Menschen durch die aktuellen Entwicklungen nicht abgehängt werden. KI kann zum Beispiel dabei helfen, Arbeit zu erleichtern oder Lernprozesse zu automatisieren. Besonders im Bildungsbereich kann KI ein wertvolles Werkzeug sein, zum Beispiel beim Umgang mit Leseschwäche. Es geht darum, motivierend zu wirken und junge Menschen zu fördern. Natürlich gibt es auch negative Aspekte. Wir werden immer effizienter und laufen Gefahr, das Zwischenmenschliche zu vernachlässigen. Ein großes Problem ist, dass wir aufgehört haben, miteinander zu sprechen, was gerade in sozialen Medien deutlich wird. Dort herrscht oft ein Schwarz-Weiß-Denken, und die nuancierte, persönliche Kommunikation bleibt auf der Strecke.

Adaptive Lernsysteme könnten Kinder in ihren Stärken und Schwächen fördern. Im Bildungskontext, wenn wir von 40 000 Schulen sprechen, sind diese Chancen noch nicht vollständig erkannt. Meine Sorge ist, dass viele Menschen, besonders in ländlichen Gebieten, von der Entwicklung abgehängt werden. Das Verständnis für KI ist nicht immer klar, und oft werden sofort Dinge wie Fake News oder Deepfakes damit assoziiert.

> **Nina Mülhens**
> Es ist schwierig, KI umfassend zu erklären. Meine Befürchtung ist, dass wir durch die Fokussierung auf Effizienz das Wesentliche verlieren könnten – die menschliche Interaktion. Wir verlieren die Geduld miteinander, und das kann dazu führen, dass Menschen schneller abgehängt werden. Kreativität braucht Zeit, die wir oft nicht haben. Wir müssen lernen, KI sinnvoll einzusetzen und nicht nur als Werkzeug zur Arbeitserleichterung zu sehen. Es ist wichtig, dass wir uns unserer Rolle bewusst sind und kritisch hinterfragen. In der Bildung kann KI helfen, gerade angesichts des Lehrermangels, aber die Rolle des Menschen mit emotionaler Intelligenz bleibt entscheidend.

KI kann vieles ersetzen oder simulieren, aber echtes, menschliches Verhalten lässt sich nicht ersetzen. Wir müssen die richtigen Fragen stellen, um große Probleme zu lösen. In der Schule herrscht oft Angst oder Widerstand gegenüber neuen Themen wie KI, aber um die Kinder zu befähigen, müssen wir uns damit auseinandersetzen. Wir brauchen Allianzen mit Experten, um das Bildungssystem zu unterstützen.

> **Nina Mülhens**
> Es braucht Offenheit und Transparenz. Die Rollen im täglichen Leben und im Arbeitsleben verändern sich, und das sollte auch im schulischen Kontext geschehen. Wir müssen Kinder zu selbstbestimmtem und eigenverantwortlichem Handeln erziehen. Dafür sind Kreativität, Kommunikation,

> kritisches Denken und Zusammenarbeit essenziell. Wir müssen gemeinsam für die Sache eintreten, um die komplexen Herausforderungen der Gegenwart und Zukunft zu meistern.

»Gemeinsam wachsen« sollte das Motto jeder Schule sein. Ich bin froh, dass die DigitalSchoolStory Teil unseres Weges an der Waldschule und vieler Schulen in Deutschland ist. Sie trägt dazu bei, dass viele Kinder lernen und gestärkt werden.

Nach unserem Gespräch habe ich noch länger über die Worte von Nina Mülhens nachgedacht, dass unser kritisches Hinterfragen so wichtig ist, dass wir also grundsätzlich lernen müssen, Haltung zu beziehen und uns auch unangenehmen Dingen zu stellen. Haltung ist wichtig und bedeutet auch, Werte einzubeziehen. Wofür will ich stehen? Doch auch eine Haltung lebt und darf sich ändern, sagt Mülhens. Nur so gelingt ihrer Meinung nach eine reflektierte Veränderungsbereitschaft, die sich deutlich von Starrsinn unterscheidet.

Das sehe ich ganz genauso. Und insbesondere beim Thema KI, bei all den Diskussionen um Fluch und Segen der Technologie, ist diese Haltung wohl wichtiger denn je.

Offener Brief an Lehrkräfte weltweit

Liebe Lehrerinnen und Lehrer überall auf der Welt,

ich wende mich heute an Sie mit einer Botschaft von höchster Dringlichkeit und tiefster Sorge – es ist fünf nach zwölf. Wir stehen an einem Wendepunkt in der Geschichte der Menschheit, an der Schwelle zu einer Ära, die von digitalen Technologien und künstlicher Intelligenz geprägt ist. In unseren Händen als Lehrkräfte liegt die Verantwortung, die nächste Generation nicht nur zu unterrichten, sondern sie auch für eine Zukunft auszurüsten, die bereits an unsere Türen klopft.

Die digitale Revolution hat unsere Welt unwiderruflich verändert. KI ist nicht mehr nur ein fernes Konzept in Science-Fiction-Romanen – sie ist eine reale, pulsierende Kraft, die in alle Aspekte unseres Lebens eindringt. Unsere Kinder wachsen in einer Welt auf, in der Algorithmen Entscheidungen treffen, in der Nachrichten durch KI-Systeme verbreitet werden und in der die Grenze zwischen Realität und virtueller Welt immer mehr verschwimmt.

Wir, als Lehrerinnen und Lehrer, sind die Wegweiser in dieser neuen Welt. Unsere Rolle geht weit über das Lehren und Lernen von Grundkenntnissen hinaus. Wir haben die Aufgabe, die Kinder und Jugendlichen irgendwie durch die stürmischen Gewässer der digitalen Informationsflut und die Herausforderung der globalen Krisen zu navigieren. Es muss uns gelingen, kritische Denkfähigkeiten bei den Schülern zu formen, die sie benötigen, um zwischen Wahrheit und Manipulation zu unterscheiden.

Es ist fünf nach zwölf. Wir können es uns nicht leisten, zu warten. Die Zeit zu handeln ist jetzt. Es ist entscheidend, dass wir uns jetzt sofort mit den Grundlagen und Auswirkungen der KI auseinandersetzen. Nur wenn wir verstehen, wie KI funktioniert, wenn wir das Potenzial und die Gefahren erkennen, die KI mit sich bringt, können wir dieses Wissen an unsere Kinder weitergeben, damit sie nicht Opfer, sondern Gestalter dieser Technologien werden.

Wir stehen vor einer notwendigen Bildungsrevolution. Eine, die nicht nur neue Inhalte, sondern auch neue Lehrmethoden fordert. Eine, die Kreativität, kritisches Denken und ethische Überlegungen in den Mittelpunkt stellt. Unsere Rolle dabei ist entscheidend. Wir haben die Chance und die große Verantwortung, gemeinsam mit Elternhäusern und starken Partnern im Allianzverbund eine Generation zu formen, die technologisch versiert, ethisch bewusst und kritisch denkend ist.

Nehmen wir diese Herausforderung an und lassen wir es um Himmels willen nicht zu, dass unsere Kinder in einer Welt aufwachsen, in der sie von Technologien beherrscht werden, die sie weder verstehen noch hinterfragen. Lassen Sie uns ihnen die Werkzeuge an die Hand geben, um in dieser neuen Ära nicht nur zu überleben, sondern zu gestalten.

Es ist fünf nach zwölf – aber noch ist es nicht zu spät.

Was die Politik jetzt leisten muss

Liebe Politikerinnen und Politiker in Deutschland
und Europa,

ich habe nur einen Wunsch:

Handeln Sie!

Machen Sie Gelder für Schulen frei. Geben Sie Schulen alle Freiheiten und Ressourcen, damit wichtige Allianzen gegründet werden können.

Beenden Sie bitte den Bildungsföderalismus und lassen Sie uns bundesweit einheitlich agieren. Wir sind es angesichts der globalen Herausforderung den Kindern schuldig, sie überall im Land mit den gleichen Fähigkeiten auszustatten.

Schaffen Sie eine zentrale Koordinationsstelle für digitale Bildung auf Bundesebene, die sich speziell mit der Integration von KI in den Lehrplan beschäftigt. Diese Einrichtung sollte die neuesten Entwicklungen im Bereich der künstlichen Intelligenz verfolgen, Lehrpläne entsprechend anpassen und Lehrkräfte fortbilden. Dies wird dazu beitragen, dass alle Schulen in Deutschland gleichmäßig Zugang zu aktuellen und relevanten digitalen Lerninhalten haben.

Fördern Sie die Entwicklung und Bereitstellung von qualitativ hochwertigen, interaktiven digitalen Lernmaterialien und Plattformen. Investieren Sie in die Schaffung von E-Learning-Tools, die auf KI basieren und individuelles Lernen ermöglichen. Diese sollten für alle Schülerinnen und Schüler kostenfrei zugänglich sein und helfen, individuelle Lernwege zu unterstützen und zu verstärken.

Initiieren Sie landesweite Kampagnen, um die öffentliche Wahrnehmung und das Verständnis für die Bedeutung von KI im Bildungsbereich zu stärken. Diese Kampagnen sollten aufklären, wie KI das Lernen und Lehren verbessern kann, und gleichzeitig auf die ethischen Aspekte und Herausforderungen hinweisen. Ziel ist es, eine breite Akzeptanz und Beteiligung aller gesellschaftlichen Schichten an der digitalen Bildungstransformation zu erreichen.

Beschließen Sie eine verbindliche Kennzeichnungspflicht für Inhalte, die mittels künstlicher Intelligenz erstellt wurden.

Kümmern Sie sich um Fortbildungsmaßnahmen und Informationen für alle Generationen, die kostenfrei zur Verfügung gestellt werden und Menschen über sämtliche Kanäle erreichen. Hier geht es darum, Bildungsgutscheine zu erstellen, lebenslanges Lernen zu fördern, Volkshochschulen als Begegnungsstätten anzuerkennen, auszuweiten und zu fördern.

Machen Sie das Thema soziale Netzwerke und KI neben der Klimakrise und den globalen Bedrohungen durch Kriege zu den wichtigsten unserer Zeit.

Legen Sie endlich hilfreiche Richtlinien und Leitplanken für den Umgang mit sozialen Netzwerken fest und überarbeiten Sie das Jugendschutzgesetz insbesondere in Blick auf Mediennutzung.

Etablieren Sie unverzüglich strenge und unmissverständliche Gesetze zur Regulierung und zum verantwortungsvollen Einsatz von KI-Technologien im Bildungssektor. Diese Gesetze –im besten Fall auf EU-Ebene – müssen klare Grenzen setzen, um den Missbrauch von KI, wie etwa durch existenzgefährdende Deepfakes, demokratiegefährdende Manipulation, Überwachung oder Datenmissbrauch, zu verhindern. Es ist höchste Zeit, dass wir konkrete und harte Maßnahmen ergreifen, um sicherzustellen, dass KI als Instrument des Empowerments und nicht der Unterdrückung oder Manipulation unserer Kinder dient.

Diese Gesetze sollten nicht nur die Verwendung von KI in Schulen regeln, sondern auch sicherstellen, dass die Privatsphäre und die Rechte der Schülerinnen und Schüler geschützt werden. Wir brauchen klare Linien – und wir brauchen sie jetzt! Es geht hier nicht nur um Bildung, sondern auch um die moralische und ethische Zukunft unserer Gesellschaft. Lassen Sie uns entschlossen handeln, um unsere Kinder vor den Schattenseiten einer unkontrollierten KI-Entwicklung zu schützen.

Stellen Sie Kinder endlich in den Mittelpunkt aller Anstrengungen. Sie sind unsere Zukunft, und vor allem haben sie eine lebenswerte Zukunft verdient!

Wie wir in der Familie und im Freundeskreis handeln müssen

Bereits zu Beginn des Buches habe ich den Wunsch geäußert, künstliche Intelligenz endlich in die Mitte der Gesellschaft zu rücken und uns diesem neuen »Mitglied« unserer Gesellschaft im beruflichen, aber auch persönlichen, privaten Alltag zu nähern. Die Berichte über KI in Nachrichtensendungen, in Zeitungen und im Internet wirken oftmals abschreckend, langweilig und überfordernd, und wenn ich darüber nachdenke, wird mir immer wieder bewusst, wie wenig KI außerhalb einiger Interessensgruppen – sogenannter Blasen – bisher angekommen ist.

An einem normalen Freitagabend waren mein Mann und ich mit zwei Freunden essen. Beide vertreten beruflich den Bereich des deutschen Rechtssystems. Während wir uns erst über dies und das unterhielten, weil wir uns lange nicht gesehen hatten, kamen wir irgendwann auch auf mein neues Buch und das Thema KI zu sprechen.

Nachdem ich beiden meine neuesten Entdeckungen und die Fähigkeiten von ChatGPT-4 an kleinen, amüsanten Beispielen aus dem Bereich Jura gezeigt hatte, philosophierten wir auch über Chancen, Risiken und Gefahren. Dabei fiel uns allen auf, dass wir eigentlich im Alltag, sowohl beruflich als auch privat, kaum gefühlte oder bewusste Berührungspunkte mit KI haben. Irgendwie beschlich mich in diesem Moment erneut das Gefühl, dass sich eine gewisse Ahnungslosigkeit zum Thema KI wie ein unsichtbarer roter Faden durch die gesamte Gesellschaft zieht.

Was aber bedeutet eigentlich Ahnungslosigkeit, und warum ist das problematisch? Auch hierzu habe ich ChatGPT befragt. Mein Prompt war dabei ganz schlicht:

»*Warum ist es problematisch, ahnungslos zu sein?*«

Die Antwort, die ich wie immer in Sekundenschnelle erhielt, dürfte uns allen, die sich viel zu wenig mit KI, den sozialen Netzwerken und möglicherweise auch vielen anderen eigentlich relevanten Themen auseinandersetzen, einen Spiegel vorhalten und aufrüttelnd sein:

»*Unwissenheit oder Ahnungslosigkeit kann in vielerlei Hinsicht problematisch sein:*

Entscheidungsfindung: *Ohne ausreichendes Wissen und Verständnis können Menschen schlecht informierte Entscheidungen treffen. Das kann im persönlichen Leben zu nachteiligen Ergebnissen führen, wie in der Karriere, Gesundheit oder in finanziellen Angelegenheiten.*

Manipulierbarkeit: *Ahnungslose Personen können leichter manipuliert oder getäuscht werden. Das macht sie anfällig für Betrug, Fehlinformationen und Propaganda.*

Soziale und politische Auswirkungen: *In einer Demokratie ist die informierte Wahlentscheidung der Bürger entscheidend. Unwissenheit kann dazu führen, dass Menschen Politiker oder Politiken unterstützen, die ihren Interessen nicht dienen oder sogar schädlich sind.*

Persönliches Wachstum: *Unwissenheit kann das persönliche Wachstum und die Entwicklung einschränken. Das Erlernen neuer Dinge und das Verstehen der Welt fördert kritisches Denken, Kreativität und Selbstbewusstsein.*

Zwischenmenschliche Beziehungen: *Mangelndes Wissen über Kulturen, soziale Normen oder emotionale Intelligenz kann zu Missverständnissen und Konflikten in zwischenmenschlichen Beziehungen führen.*

Gesellschaftlicher Fortschritt: *Eine Gesellschaft, die auf Unwissenheit basiert, neigt dazu, langsamer in Bereichen wie Wissenschaft, Wirtschaft, Technologie, Kunst und Kultur voranzukommen. Bildung und Wissen sind Schlüsselfaktoren für Innovation und Fortschritt.*

Selbstschutz: *In Situationen, in denen Wissen über Rechte, Gesetze oder Sicherheitsmaßnahmen wichtig ist, kann Unwissenheit zu persönlichen Nachteilen oder Gefahren führen.*

Insgesamt ist Wissen eine wichtige Ressource, die Menschen befähigt, fundierte Entscheidungen zu treffen, sich selbst zu schützen und aktiv am gesellschaftlichen Leben teilzunehmen.«[4]

- **Keine Entscheidungen treffen können.**
- **Manipulierbar sein.**
- **Versehentlich Menschen mit einer demokratiegefährdenden Meinung unterstützen.**
- **Die eigene Entwicklung verhindern.**
- **Missverständnisse und Konflikte unbewusst herbeiführen.**
- **Wichtige Weiterentwicklungen in der Gesellschaft verlangsamen.**
- **Sich selbst in Gefahr bringen.**

Jede einzelne dieser Aussagen sollte uns innerlich erstarren lassen. Entspricht das etwa dem Vorbild, das wir für unsere Kinder sein wollen? Das kann nicht unser Ernst sein.

Wir müssen unsere Kinder, die erst am Beginn ihres Lebens stehen und weder auf erlebte Erfahrungen noch auf gefühlte und verinnerlichte Werte zurückgreifen können, doch befähigen, Entscheidungen zu treffen und sich niemals manipulieren und negativ beeinflussen zu lassen. Wir müssen ihnen den Wert der Demokratie zeigen und uns mit voller Kraft für alle demokratischen Prozesse einsetzen. Es ist unsere Aufgabe, Kinder in ihrer persönlichen Entwicklung zu stärken und ihnen vorzuleben, wie man kommuniziert und wie man Konflikte löst, anstatt dass man sie befeuert. Wenn die Krisen dieser Welt zumindest insofern händelbar werden sollen, dass sie unseren Heranwachsenden und der Generation, die für uns Verantwortung übernehmen muss, eine lebenswerte Zukunft bietet, dann braucht es Technologie, Wissenschaft und Fortschritt. Schutz und Sicherheit sind daneben das Wichtigste, was wir den Kindern schuldig sind.

Unsere Ahnungslosigkeit in Bezug auf soziale Netzwerke bringt Kinder jeden Tag in große Gefahr. Ich werde nicht müde, bei jeder Gelegenheit und immer wieder den Finger in diese Wunde zu legen. Ahnungslosigkeit beim Thema künstliche Intelligenz bringt die Zukunft unserer Kinder, die Selbstbestimmung und die Menschlichkeit in Gefahr und macht uns handlungsunfähig. Wir gehen nicht in die Diskussion, stellen keine Fragen, kümmern uns nicht, lassen Dinge geschehen und nehmen keinen Einfluss mehr.

Daher ist es mein unbedingter Appell an Sie alle, spätestens nach der Lektüre dieses Buches anzufangen, KI in Ihre Mitte zu holen. Wie das geht?

Lesen Sie etwas zum Thema, völlig egal, ob es sich um kurze Netz- oder Zeitungsartikel handelt. Schauen Sie sich Filme an, wie zum Beispiel »Her« aus dem Jahr 2013, in dem es um die Beziehung zwischen einem Mann und einem fortschrittlichen KI-System geht, oder »Ex Machina« (2014), der sich mit den Themen Bewusstsein und Moral in Bezug auf KI auseinandersetzt. »A.I. – Künstliche Intelligenz« (2021), der eine emotionale Geschichte über ein KI-Wesen in Jungengestalt erzählt, ist ebenso sehenswert wie der Dokumentarfilm »The Social Dilemma« (2020), in dem die Rolle von KI in sozialen Netzwerken und deren Einfluss auf die Gesellschaft beleuchtet wird.

Ahnungslosigkeit ist also derzeit unser Spiegelbild, das trügerisch schimmert und gleichzeitig die größte Gefahr unserer Zeit darstellt. Ignoranz, Langeweile, Überlastung, Desinteresse, der Gedanke, dass sich schon die richtigen Leute kümmern, Unbekümmertheit, Naivität, Sorglosigkeit, Faulheit – völlig egal, was uns in dieser Ahnungslosigkeit festhält: Wenn uns die Zukunft unserer Kinder wichtig ist, dann gilt es jetzt, diesen Spiegel von der Wand zu nehmen und uns auf den Weg zu machen.

Spielen und arbeiten Sie mit ChatGPT oder auch anderen Tools. Erleben Sie KI in der Anwendung.

Sprechen und diskutieren Sie in der Arbeit, in der Familie und im Freundeskreis über KI, fordern Sie Gedanken und Meinungen ein.

Machen Sie mit der Clique einen gemeinsamen VHS-Kurs zu künstlicher Intelligenz.

Fordern Sie berufliche Weiterbildungen zum Thema ein.

Lassen Sie sich von Ihren Kindern zeigen, was diese vielleicht schon wissen, oder lesen Sie gemeinsam im Netz zu KI, zum Beispiel auf der Seite von Klicksafe.

Was auch immer Sie tun werden, um sich dem Thema künstliche Intelligenz zu nähern, lassen Sie sich dabei niemals einschüchtern oder abschrecken. Seien Sie neugierig und offen.

Zivilcourage im Netz

In einer Ära, in der künstliche Intelligenz und Fake News unseren digitalen Alltag durchdringen, steht insbesondere die junge Generation vor beispiellosen Herausforderungen. Als Eltern, Erzieher und Teil der digitalen Gemeinschaft liegt es an uns, unseren Kindern den Weg zu weisen und sie vor den verborgenen Fallstricken des Internets zu schützen.

KI hat die Art und Weise, wie Informationen verbreitet und konsumiert werden, revolutioniert, und bringt zugleich die Gefahr der Desinformation mit sich. Fake News, oft kaum von der Wahrheit zu unterscheiden, können unsere Kinder in die Irre führen und ihr Weltbild verzerren. Es ist an uns, ihnen beizubringen, wie man in dieser neuen Welt sicher navigiert.

Unsere Kinder schauen zu uns auf. Sie beobachten, wie wir auf Desinformation reagieren, und lernen an unserem Beispiel. Zeigen wir ihnen, was es heißt, mutig und bewusst im digitalen Raum zu agieren. Doch was genau können wir alles tun?

- **Gemeinsam lernen und aufklären:** Nehmen Sie sich die Zeit, gemeinsam mit Ihren Kindern zu lernen. Erklären Sie ihnen, wie KI funktioniert und warum es so wichtig ist, Informationen zu hinterfragen. Beschäftigen Sie sich zum Beispiel mit den Funktionen von Alexa und Siri, machen Sie sich bewusst auf die Suche nach Fake News, hierzu gibt es eine ganze Menge an Informationen im Netz.

- **Kritische Gespräche führen:** Reden Sie offen über die Nachrichten und Inhalte, die Sie und Ihre Kinder online sehen. Fördern Sie eine Atmosphäre, in der Fragen gestellt und Antworten gemeinsam gesucht werden.
- **Medienkompetenz stärken:** Helfen Sie Ihren Kindern zu verstehen, dass nicht alles, was online steht, wahr ist. Lehren Sie sie, Quellen zu überprüfen und Informationen kritisch zu betrachten.
- **Grenzen setzen und Schutz bieten:** Nutzen Sie elterliche Kontrollfunktionen und sichere Suchmaschinen, um Ihre Kinder vor schädlichen Inhalten zu schützen.
- **Kein Smartphone im Kinderzimmer zur Schlafenszeit:** Dieser Punkt ist schlicht und ergreifend unerlässlich. Gerade am Abend und in der Nacht ist der sprichwörtliche Traffic, also der Datenverkehr auf den Handys, unfassbar hoch. In der Nacht fühlen sich dann die dunklen und verstörenden Bilder und Informationen noch dunkler an, das kennen wir doch alle, wenn wir nachts Probleme wälzen, die im Tageslicht eher ihren Schrecken verlieren. Außerdem schlafen die Kinder schlicht zu wenig, wenn sie bis spät in der Nacht noch auf die Antwort einer Nachricht warten.
- **Einen Nutzungsvertrag schließen:** Ihr Kind wird Ihnen alles unterschreiben, wenn es endlich ein Smartphone bekommen könnte. Es gibt hierfür unfassbar viele gute Vorlagen im Internet.
- **Ein Handy ist kein Tagebuch:** Bitte verabschieden Sie sich so schnell wie möglich von dem Gedanken, dass ein Handy ein Tagebuch ist. Die Kinder interagieren auf onlinebasierten

Plattformen, sie können jederzeit in Kontakt mit Menschen geraten, die nichts Gutes im Schilde führen. Erklären Sie Ihrem Kind, dass Sie das Smartphone von Zeit zu Zeit kontrollieren – natürlich nicht heimlich, sondern gemeinsam mit dem Kind –, um es zu beschützen, nicht um zu kontrollieren.

- **Andere Sanktionen wählen als das ständige Drohen mit dem Entzug des Handys:** Ein Smartphone ist längst mehr als ein Telefon. Hier finden viele soziale Interaktionen statt, es finden Sozialisation und Charakterbildung statt. Damit ist das Gerät mehr als nur Technik. Lassen Sie Ihr Kind als Sanktion lieber den Balkon oder die Auffahrt von Unkraut befreien oder wählen Sie andere ungeliebte Aufgaben, aber drohen Sie nicht damit, dass das Handy weg ist.
- **Selbst ein Vorbild sein:** Demonstrieren Sie Zivilcourage, indem Sie aktiv gegen Falschinformationen vorgehen. Zeigen Sie, wie man verantwortungsvoll Informationen teilt und verbreitet.
- **Zusammen mit dem Kind beschützende Verstärker und helfende Hände auswählen:** Es kann sein, dass es Situationen gibt, in denen Ihr Kind nicht als Erstes zu Ihnen kommt, sollten im Netz (oder auch im ganz realen Leben) Probleme auftreten. Benennen Sie mit Ihrem Kind bewusst die Personen, die ihm in schwierigen Situationen helfen könnten. Ganz im Sinne einer helfenden Hand sollte jeder Finger symbolisch mit einer Person besetzt sein. Wenn es dann zu schwierigen Situationen kommt, wird sich Ihr Kind genau hieran erinnern.

In diesen unsicheren Zeiten ist es wichtiger denn je, dass wir als Familien zusammenstehen. Unsere Kinder verdienen eine Welt, in der sie sicher surfen, lernen und wachsen können. Wir müssen ihnen beibringen, wie man zwischen Wahrheit und Fiktion unterscheidet, und sie ermutigen, ihre Stimme gegen Ungerechtigkeit und Falschheit zu erheben.

Unsere Kinder sind die Architekten der Zukunft. Lassen Sie uns gemeinsam eine Grundlage des Vertrauens und des kritischen Denkens schaffen, auf der sie aufbauen können. Lassen Sie uns ihnen die Werkzeuge und das Wissen an die Hand geben, um die digitale Welt nicht nur zu bewohnen, sondern sie aktiv und verantwortungsvoll zu gestalten. Jeder von uns spielt eine entscheidende Rolle in diesem Prozess – für eine Zukunft, in der Wahrheit, Authentizität und Menschlichkeit triumphieren.

Schützen wir unsere Kinder!

Ich kann es abschließend nur nochmals wiederholen:

Die Zukunft unserer Kinder wird zunehmend von der künstlichen Intelligenz geprägt, einem Phänomen, das unsere Welt in jedem Bereich revolutioniert – von der Bildung über die Arbeitswelt bis hin zum persönlichen Leben. Als Eltern, Pädagogen und verantwortungsvolle Mitglieder der Gesellschaft ist es unsere Pflicht, uns mit der KI auseinanderzusetzen, um unsere Kinder adäquat auf die Herausforderungen und Chancen dieser neuen Ära vorzubereiten.

Denken Sie nur an die Bildung. KI-Technologien können das Lernen personalisieren, indem sie den individuellen Bedürfnissen jedes Kindes gerecht werden. Aber ohne ein fundiertes Verständnis dieser Technologien können wir nicht beurteilen, wo ihre Grenzen liegen und wie wir sie am besten einsetzen. Unser Nichtwissen und unsere Ahnungslosigkeit könnten dazu führen, dass unsere Kinder entweder abgehängt oder auf ungute Weise von Algorithmen beeinflusst werden.

Auf dem Arbeitsmarkt werden KI-basierte Technologien in Zukunft wohl viele traditionelle Berufe überflüssig machen, aber auch neue schaffen. Wenn wir heute nicht lernen, mit KI umzugehen, wie können wir dann unsere Kinder auf eine Arbeitswelt vorbereiten, die wir selbst kaum verstehen?

Auch die ethischen und sozialen Implikationen der KI sollten nicht unterschätzt werden. KI-Systeme können Vorurteile verstärken und demokratiegefährdende Probleme aufwerfen. Es liegt an uns, sicherzustellen, dass unsere Kinder lernen, diese Technologien verantwortungsbewusst zu nutzen und zu hinterfragen. Sie sollten die Fähigkeit entwickeln, die moralischen und ethischen Fragen zu verstehen, die mit KI verbunden sind, um als informierte und verantwortungsvolle Bürger zu agieren.

Es geht darum, ihnen die Fähigkeiten zu vermitteln, die in einer von KI dominierten Welt besonders wertvoll sein werden – Kreativität, kritisches Denken und vor allem emotionale Intelligenz. Streiten und sich vertragen, weinen und getröstet werden, von Herzen lachen, Angst haben und gemeinsam mutig sein, gemeinsam schweigen können und dabei Verständnis spüren, krank sein und sich trotzdem gut fühlen, weil sich ein geliebter Mensch kümmert – all das können wir ganz konkret fühlen. Niemals wird eine Maschine unsere Seele, unsere spürbaren Emotionen und unser Herz, das vor Aufregung laut in uns schlagen kann, ersetzen.

Unser Engagement und unsere Bereitschaft, KI zu verstehen, sind also entscheidend für die Zukunft unserer Kinder. Es geht nicht nur darum, mit der Technologie Schritt zu halten, sondern auch darum, eine Generation zu erziehen und in die Zukunft zu begleiten, die in der Lage ist, künstliche Intelligenz zum Wohle der Menschheit zu nutzen. Die Zukunft unserer Kinder liegt in unseren Händen und ebenso die Würde und das Glück des Menschseins. Es ist an der Zeit, dass wir handeln.

Schützen wir unsere Kinder! Und zwar jetzt!

Dank

Mein großer Dank gilt meinem Verlag Droemer Knaur, der sich mit mir auf diese spannende Reise mit dem Integrieren der QR-Codes gemacht hat und damit die digitale und die analoge (Literatur-)Welt miteinander verschmelzen lässt. Danke, Stefanie Hess, Ulrike Gallwitz, Thomas Blanck, Sarah Reimer, Maurice Baars, Margit Ketterle, Dr. Esther von Bruchhausen und allen Mitarbeitenden. Wir müssen gesellschaftlich so dringend aufhören, analog und digital zu unterscheiden. Dieser Weg ist ein Symbol dafür.

Ich danke meinem großartigen Agenten Dr. Stephan Meyer, der immer mit der richtigen Motivation zur richtigen Zeit an meiner Seite war. Stephan, du bist Motivator, Inspiration und ein guter Freund. Danke.

Meinen Interviewpartnern, die sich in ihrem stressigen und fordernden Alltag so viel Zeit genommen haben, um sich mit mir über das Thema KI zu unterhalten, sich dabei in Ton oder Bild aufzeichnen ließen, um sich damit gegen die Ahnungslosigkeit unserer Gesellschaft und für den Schutz unserer Kinder einzusetzen, gilt ein besonderer Dank von Herzen. Thomas, Julia, Jacob, Nina, Tom, Lauren, Torsten – ihr alle seid Vorbilder für unser Land!

Tim Schäcker, Luis Freitag und HateAid – wie sehr ihr mit eurem Einsatz und euren Botschaften gegen Hass im Netz und mit einem so klaren und emotionalen Appell für Zivilcourage auch im digitalen Raum Teil davon seid, Kinder zu schützen, ist mit Worten nicht auszudrücken. Ihr seid echte Sinnfluencer. Danke dafür.

Ein besonderer Dank gilt Björn Kempf, der in so vielen Nachtschichten meine Videos geschnitten, hochgeladen und die QR-Codes angefertigt hat. Björn, du bist ein Held für dieses Buch.

Ich danke Thomas Hillers, mit dem ich gemeinsam Gedanken zum Haifischbecken der sozialen Netzwerke austauschen, Hilfestellungen entwickeln und die Social-Media-Sprechstunde zu einem Ort der Fürsorge für Kinder und Jugendliche machen darf.

Ich danke insbesondere meinen Freunden Lutz und Caro, Marco und Britta, Doris und Michael, die sich diesen Gesprächen über KI immer wieder gestellt haben und mir zeigen, dass es gelingen kann, Neugier und Interesse zu wecken. Ebenso danke ich meinen Kollegen Sarah, Tobi, Judith, Sandra und Jasmin, die mir nach Kräften den Rücken frei halten und mich in meiner Arbeit unterstützen.

Der emotionalste Dank aber gilt meiner Familie. Mein Mann Michael begleitet mich nicht nur als Liebe meines Lebens durch jeden Tag, sondern denkt, fühlt und fiebert mit. All unsere Gespräche sind Inspiration und Motivation. Svenja und Jessica sind meine Bonustöchter, die so sehr Beispiel dafür sind, wie junge Menschen Verantwortung für ihr Leben übernehmen und dabei fröhlich, empathisch, emotional und liebevoll durch das Leben gehen und für andere Menschen da sind. Ich liebe euch drei von ganzem Herzen.

Quellen

Immer noch Neuland

1 Saferinternet.at, o. J., »Informationskompetenz – Was ist ein Deepfake?«, [online] Verfügbar unter: https://www.saferinternet.at/faq/informationskompetenz/was-ist-ein-deepfake [Zugriff am 20. 02. 2024].

2 Hörner, L., 2021. »Roboter in der Pflege: Ende der Menschlichkeit?«, Medirocket.de, [online] 16. 11. 2021. Verfügbar unter: https://www.medirocket.de/karrieremagazin/details/robotereinsatz-in-der-pflege#pflegeroboter [Zugriff am 20. 02. 2024].

3 Universität Zürich, o. J., »Drohnen fliegen autonom dank künstlicher Intelligenz«, Drohnen.de, [online] Verfügbar unter: https://www.drohnen.de/10427/drohnen-fliegen-autonom-dank-kuenstlicher-intelligenz/ [Zugriff am 20. 02. 2024].

4 Roesner, M., 2021. »Schon einmal in eine Künstliche Intelligenz verliebt?«, Kaspersky.de, [online] 11. 02. 2021. Verfügbar unter: https://www.kaspersky.de/blog/schon-einmal-in-eine-kunstliche-intelligenz-verliebt/26207/ [Zugriff am 20. 02. 2024].

5 Schmalzried, G., 2023. »Verliebt in eine Replika: Warum KIs immer persönlicher werden«, BR.de, [online] 09. 08. 2023. Verfügbar unter: https://www.br.de/nachrichten/netzwelt/verliebt-in-eine-replika-warum-kis-immer-persoenlicher-werden,TmNxbQv [Zugriff am 20. 02. 2024]

6 Klicksafe.de, o. J., [online] Verfügbar unter: https://www.klicksafe.de [Zugriff am 20. 02. 2024].

7 Klicksafe.de, o. J., »Künstliche Intelligenz«, [online] Verfügbar unter: https://www.klicksafe.de/kuenstliche-intelligenz [Zugriff am 20. 02. 2024].

8 Klicksafe.de, o. J., »Was ist generative KI?«, [online] Verfügbar unter: https://www.klicksafe.de/kuenstliche-intelligenz/was-ist-generative-ki [Zugriff am 20. 02. 2024].

Deepfakes & Co.: Tatort soziale Netzwerke

1 Llach, L., 2023. »Gefälschte Nacktbilder von spanischen Jugendlichen: Können sie dagegen vorgehen?«, Euronews.com, [online] 20. 09. 2023. Verfügbar unter: https://de.euronews.com/next/2023/09/20/gefalschte-ki-nacktbilder-von-spanischen-jugendlichen-konnen-sie-dagegen-vorgehen [Zugriff am 20. 02. 2024].

2 Rödder, T., 2023. »Das Geschäft mit der geklonten Stimme«, SWR.de, [online] 18. 07. 2023. Verfügbar unter: https://www.tagesschau.de/investigativ/swr/ki-kuenstliche-intelligenz-voice-cloning-100.html [Zugriff am 20. 02. 2024].

3 Snapchat, o. J., »Was ist My AI auf Snapchat und wie verwende ich sie?«, [online] Verfügbar unter: https://help.snapchat.com/hc/de/articles/13266788358932-Was-ist-My-AI-auf-Snapchat-und-wie-verwende-ich-sie- [Zugriff am 20. 02. 2024].

4 Schurter, D., 2022. »›Cheap-Fake‹ statt Deep-Fake – was wirklich hinter dem falschen Vitali Klitschko steckt«, Watson.ch, [online] 27. 06. 2022. Verfügbar unter: https://www.watson.ch/digital/ukraine/849274953-kein-deepfake-das-steckt-wirklich-hinter-dem-falschen-vitali-klitschko [Zugriff am 20. 02. 2024].

5 Demling, A., 2023. »Künstliche Intelligenz wird die Wahrheit zerstören« – Interview mit Oren und Amitai Etzioni. In: Der Spiegel, 28/2023. [online] Verfügbar unter: https://www.spiegel.de/netzwelt/web/kuenstliche-intelligenz-streitgespraech-zwischen-ki-forscher-oren-etzioni-und-sohn-amitai-a-8b665e07-f9f7-412f-aaab-7ea2ec90569b [Zugriff am 20. 02. 2024].

6 HateAid, o. J., »Das ist HateAid: Finanzieren«, [online] Verfügbar unter: https://hateaid.org/das-ist-hateaid/#finanzieren [Zugriff am 20. 02. 2024].

Intelligenter als wir? Was KI alles kann (und was nicht)

1 Codingkids.de, o. J., »Was bitte schön ist KI?«, [online] Verfügbar unter: https://www.codingkids.de/wissen/was-bitteschoen-ist-ki [Zugriff am 20. 02. 2024].

2 Schiffer, C., & Gawlik, P., 2023. »ChatGPT: So gut hat die KI das bayerische Abitur bestanden«, BR.de, [online] 29. 05. 2023. Verfügbar unter: https://www.br.de/nachrichten/netzwelt/chatgpt-ki-besteht-bayerisches-abitur-mit-bravour,TfB3QBw [Zugriff am 20. 02. 2024].

3 Gelinsky, K., & Kanning, T., 2023. »Kinderpornos per KI«, FAZ.net, [online] 18. 11. 2023. Verfügbar unter: https://www.faz.net/aktuell/gesellschaft/kriminalitaet/japan-wenn-die-ki-legal-kinderpornographie-generiert-19321046.html [Zugriff am 20. 02. 2024].

4 Kerres, M., 2017. »Digitalisierung als Herausforderung für die Medienpädagogik: Bildung in einer digital geprägten Welt«. In: Fischer, C. (Hrsg.), Pädagogischer Mehrwert? Digitale Medien in Schule und Unterricht. Münstersche Gespräche zur Pädagogik. Münster: Waxmann, [online] Verfügung unter: https://learninglab.uni-due.de/sites/default/files/kerres4m%C3%BCnster_0.pdf [Zugriff am 20. 02. 2024].

Ohne geht nicht: KI-Kompetenz als Zukunftschance

1 Deutsche Telekom Stiftung, o. J., »Über uns«, [online] Verfügbar unter: https://www.telekom-stiftung.de/stiftung/ueber-uns [Zugriff am 20. 02. 2024].

2 Hacker School, o. J., »Über uns«, [online] Verfügbar unter: https://hacker-school.de/ueber-uns/ [Zugriff am 20. 02. 2024].

3 Future of Life Institute, 2023. »Pause Giant AI Experiments: An Open Letter«, [online] 22. 03. 2023. Verfügbar unter: https://futureoflife.org/open-letter/pause-giant-ai-experiments/ [Zugriff am 20. 02. 2024].

4 Future of Life Institute, 2023. »Policymaking in the Pause. What can

policymakers do now to combat risks from advanced AI systems?«, [online] 12. 04. 2023. Verfügbar unter: https://futureoflife.org/wp-content/uploads/2023/04/FLI_Policymaking_In_The_Pause.pdf [Zugriff am 20. 02. 2024].

5 Center for AI Safety, 2023. »Statement on AI risk. AI experts and public figures express their concern about AI risk«, [online] Mai 2023. Verfügbar unter: https://www.safe.ai/statement-on-ai-risk [Zugriff am 20. 02. 2024].

Und jetzt? Ideen für einen konstruktiven Umgang mit KI

1 Tóth, B., 2023. »Gewalt, Rassismus, sexueller Missbrauch: Was Ihre Kinder online sehen« – Interview mit Silke Müller. In: Falter, 41/2023. [online] 10. 10. 2023. Verfügbar unter: https://www.falter.at/zeitung/20231010/wir-brauchen-eine-digitale-ethik [Zugriff am 20. 02. 2024].

2 Deutsches Schulportal, o. J., »SWK Bildungsforscher empfehlen Einsatz von ChatGPT an Schulen«, [online] Verfügbar unter: https://deutsches-schulportal.de/unterricht/swk-bildungsforscher-empfehlen-einsatz-von-chatgpt-an-schulen/ [Zugriff am 20. 02. 2024].

3 DigitalSchoolStory, o. J., »Lehrer – Mission«, [online] Verfügbar unter: https://digitalschoolstory.de/lehrer/#mission [Zugriff am 20. 02. 2024].

4 ChatGPT, 2023. Antwort auf den Prompt vom 11. November 2023. [Zugriff am 20. 02. 2024].

SILKE MÜLLER

WIR VERLIEREN UNSERE KINDER!

Gewalt, Missbrauch, Rassismus – Der verstörende Alltag im Klassen-Chat

Der SPIEGEL-Bestseller Nr. 1 über die gefährlichen Tiefen einer digitalen Parallelwelt

Fotos, Videos, Sticker mit Inhalten, die so verstörend sind, dass kaum jemand hinsehen kann: Alltag auf den Smartphones von Kindern und Jugendlichen. Die meisten Eltern haben keine Ahnung, dass schon Grundschulkinder Bilder mit rassistischen Botschaften, von Kriegsverbrechen oder sexualisierter Gewalt sehen.

Silke Müller klärt auf über die digitalen Bedrohungen, denen Mädchen und Jungen ausgesetzt sind, wenn sie Zugang zu Smartphones haben. Sie fordert eine zeitgemäße, an Werten orientierte Medienerziehung.

Mit wertvollen Tipps, wie Eltern ihre Kinder schützen können.

DROEMER

KENZA AIT SI ABBOU

MENSCHENVERSTEHER

Wie Emotionale Künstliche Intelligenz unseren Alltag erobert

Schon heute können Maschinen Emotionen erkennen. Dank hochauflösender Kameras und extrem empfindlicher Sensoren lesen sie aus unserer Mimik, unseren Gesten und unseren Hirn- und Körperströmen ab, wie wir uns wirklich fühlen. Wer profitiert davon? Was bedeutet das für unser menschliches Miteinander? Und wie können wir verhindern, dass uns Emotionale Künstliche Intelligenz über den Kopf wächst? Die international renommierte KI-Expertin Kenza Ait Si Abbou geht diesen Fragen nach und macht deutlich: Es ist an der Zeit, dass wir kritisch über unsere Beziehung zu den Maschinen nachdenken, die längst in unserem Alltag angekommen sind.

> »Kenza Ait Si Abbou versteht etwas von einer Materie, die das Leben der gesamten Menschheit über kurz oder lang sehr massiv prägen wird.«
>
> *DER SPIEGEL*

DROEMER

CHRISTIAN HESSE

ALLES KEIN ZUFALL

Liebe, Geld, Fußball – so berechnen Sie den Erfolg

Ständig müssen wir Entscheidungen treffen, Alternativen abwägen, Schätzungen abgeben. Doch wie sicher können wir sein, dass auch eintritt, was wir erhoffen? Und wie können wir Zufälle ausschließen? Christian Hesse, der Experte für Wahrscheinlichkeitsrechnung, weiß, wie es geht. Seine Tipps und Tricks bieten eine unterhaltsame Entscheidungsgrundlage für alle Lebensbereiche: von der Liebe bis zum Geld, vom Wert der Schwarmintelligenz bis zur Kunst, mit drei Zahlen die Welt zu vermessen – nie war Mathe so lebenstauglich!

DROEMER